Arbeitstexte für den Unterricht

Satirische Texte

FÜR DIE SEKUNDARSTUFE
HERAUSGEGEBEN VON
NORBERT FEINÄUGLE

PHILIPP RECLAM JUN. STUTTGART

Universal-Bibliothek Nr. 9525 [2]

Gesamtherstellung: Reclam, Ditzingen. Printed in Germany 1989

ISBN 3-15-009525-5

Inhalt

I. Vorwort

Die vorliegende Sammlung enthält Texte für die Sekundarstufen I und II. Sie unternimmt es, die oft zu findende Feststellung, Satire könne sich der vielfältigsten Formen und Gattungen bedienen, an Beispielen zu belegen. Vorrangiges Ziel ist dabei jedoch nicht die Kenntnis der formalen Möglichkeiten, sondern der Verweis auf Verwendungszusammenhänge und Funktionen satirischer Texte, der sich aus der Gegenüberstellung der unterschiedlichen Textsorten von der dramatischen Szene und dem Romanausschnitt bis zur Zeitungsglosse und zum Wahlkampfflugblatt ergibt. Satirisches Schreiben wurde dabei – verkürzt gesagt – verstanden als ein Mittel, sich literarisch gegen Mißstände zu wehren, indem man sie bloßstellt und möglichst der Lächerlichkeit preisgibt. Von *satirischen Texten* ist zu sprechen insofern, als manche von ihnen nicht durchgängig einem satirischen Gestaltungsprinzip untergeordnet sind, wie das bei einer *Satire* der Fall sein müßte, sondern nur einzelne derartige Elemente aufweisen. Die Einbeziehung solcher Texte erschien deshalb unerläßlich, weil sie weit häufiger sind als vollgültige Satiren und weil in ihnen auch das persuasive Element und der unmittelbare Wirklichkeitsbezug oft deutlicher zu erkennen sind. Eine Folge dieses Auswahlprinzips sind starke Unterschiede in der Qualität der einzelnen Texte. Es wurden bewußt auch einige wenig geglückte Beispiele aufgenommen, um zur Beschäftigung mit Fragen der Wertung anzuregen.

Im Vordergrund stand bei der Auswahl vor allem die Absicht, satirische Darstellungsweise als spezifische Form der Überredung sichtbar zu machen, dem Schüler damit zu ermöglichen, sie auch in ihren versteckteren Formen zu erkennen und nach den Interessen des Autors zu fragen. Dieser Absicht dient auch die Zusammenfassung der Texte zu thematischen Gruppen. Sie soll den Blick darauf lenken, wie unterschiedlich ein ähnlicher Gegenstand je nach subjektiver Einstellung des Verfassers und je nach Darstellungsweise erscheinen kann. Die Frage nach Verfasserintention und -perspektive wird somit besonders wichtig. Dies bedeutet keinen Verzicht auf inhaltliche Auseinandersetzung mit dem Dargestellten. Vielmehr machen gerade die feststellbaren Differenzen und Einseitigkeiten eine Diskussion der Gegenstände und Themen notwendig. Das gilt vor allem für die historische Dimension, die bei der Auswahl stark berücksichtigt wurde. Die fast durchgängig chronologische Anordnung der Texte innerhalb jeder Themengruppe regt dazu an, Wandel und Beharrung festzustellen und insbesondere bei ähnlichem Thema die Mißstände der Vergangenheit mit den heutigen zu vergleichen und nach den jeweiligen Bedingungen zu fragen.

Die thematische Anordnung bedeutet jedoch in keinem Fall eine Festlegung auf eine bestimmte unterrichtliche Konzeption. Die »Einführung in den Gegenstand« (Teil IV) und die verschiedenen Aufstellungen in Teil V versuchen, unterschiedliche Möglichkeiten des Zugangs zu zeigen. Über den Standpunkt des Herausgebers und die mit dieser Textauswahl verknüpfbaren Lernzielzusammenhänge geben im übrigen die Teile IV und V nähere Auskunft. Zu beachten ist, daß die Teillernziele nicht eigens ausformuliert wurden, da sie aus der »Einführung in den Gegenstand« unschwer abgeleitet werden können.

II. Satirische Texte

A. Berufe

1. Wolfram Siebeck: Sommermärchen vom Wirte wundermild

Es waren einmal ein Mann und eine Frau, die hießen Hans und Grete und hatten zu Hause nichts zu essen, weil alle Geschäfte Betriebsferien machten. So setzten sie sich in ihren Volkswagen und fuhren aufs Land. Da aber viele Umleitungen waren, verfuhren sie sich und kamen in einen großen Wald. Und wie sie lange darin herumgefahren waren und kein freies Zimmer fanden, weil alle Hotels überfüllt und alle Pensionen besetzt waren, da kamen sie an ein Haus, das war über und über bedeckt mit Empfehlungsschildern der Automobilclubs und Reisebüros.
Hans und Grete hielten ihr Auto an und fragten das Fräulein am Eingang, ob sie ein Zimmer haben könnten. Das Fräulein erwiderte: »Ja, wir haben noch ein Doppelzimmer frei« (denn dies ist ja ein Märchen). Das Fräulein war aber kein Fräulein, sondern die Tochter des Wirtes, und sie sagte:
»Wenn Ihr hier wohnen wollt, müßt Ihr die Schuhe selber putzen und die Betten machen, denn wir haben kein Personal!«
Sie brachte Hans und Grete in eine winzige Kammer, darin standen zwei winzige Betten und zwei winzige Stühle, und an der Wand war ein winziges Waschbecken. Als Hans seine Zahnbürste dahin stellte, sagte er: »Wer hat aus meinem Zahnputzglas getrunken?«, und Grete, die ihr Nachthemd aufs Bett legte, rief: »Wer hat in meinem Bettchen geschlafen?«
Das hörte der Wirt im Keller, denn die Wände waren dünn im Haus, und er sprach zu dem Gesellen:

»Lauf in die Küche, Bursche, und sag der Herrin, es sind neue Gäste gekommen, und sie möge einen Liter Wasser und ein halbes Pfund Salz in die Suppe tun, aber subito, capito?[1]«, und der Bursche lief kantapper kantapper die Treppe hinauf.
Hans und Grete saßen schon am Tisch, denn sie waren hungrig, und die Vollpension kostete pro Person 21 Mark plus Kurtaxe plus 15 % Bedienung. Des Wirtes Töchterlein trug ihnen Gebackenes und Gesottenes auf, und sie griffen tüchtig zu. Aber kaum hatten sie den ersten Bissen im Mund, da fielen sie um und waren wie tot. Die Wirtin hatte ihnen nämlich ein Rumpsteak gebraten, das war überhaupt nicht abgehangen. Als man Hans und Grete darauf in ihr Zimmer trug, schlug vom nahen Kirchturm die Glocke so laut, daß sie wieder wach wurden. So ging es die ganze Nacht.
Als der Wirt am anderen Morgen merkte, daß Hans und Grete noch einen weiteren Tag bleiben wollten, überfiel ihn ein großer Zorn. Voll Grimm nahm er die deutsche Markenbutter vom Frühstückstisch und preßte sie so zusammen, daß das Wasser in großen Strömen daraus hervorschoß.
Hans aber ließ sich nicht ins Bockshorn jagen und rief: »Ich habe Touropa ertragen und Scharnow überstanden, die Riviera hab ich verkraftet und die Nordsee überlebt, da werd ich dich, du böser Wirt, auch nicht fürchten!«
Wie der Wirt diese Worte hörte, da war ihm gar wunderlich zumute, und ahnungsvoll fragte er den Hans: »Deine Kühnheit ist mir merkwürdig vertraut, Fremder. Sag mir, wer dein Vater ist!«
Und Hans antwortete ihm: »Meinen Vater kenn ich nicht. Es heißt, er war ein tapferer Soldat und leitete eine große Kantine. Als der Krieg zu Ende war, tauschte er mich gegen ein Schwein auf dem Markte ein.«
Da rief der Wirt: »Dein Vater bin ich, und das Schwein tauschte ich gegen einen Klumpen Gold, damit baute ich dieses Haus, das soll jetzt dir gehören!«

1. ital., sofort, verstanden?

Da herzten und küßten sie sich, und die Wirtin wurde gerufen und das Töchterlein, und die hießen die beiden herzlich willkommen.
Hans und Grete aber verkauften ihren Volkswagen, denn der Wirt hatte schon zwei Mercedes, und von dem Erlös bestellten sie eine Musikbox, die kam in den Speisesaal. Dann heiratete die Tochter den Gesellen, und so sorgten sie sich alle sechs um ihre Gäste und gaben ihnen Speis und Trank und lebten davon herrlich und in Freuden.
Und da sie nicht gestorben sind, so leben sie noch heute.

2. Wolfgang Ebert: Reparatur-Quiz

Szene: Autoreparaturschule
Prüfer: »Ein Fahrer erscheint mit defektem Wagen. Was sagen Sie?«
Schüler. »Es ist schon Donnerstag, unser Wochenende beginnt. Er soll nächsten Monat wiederkommen.«
Prüfer. »Gut. Nun kommt einer, bei dem funktioniert der Scheibenwischer nicht.«
Schüler. »Da erneuern wir am besten gleich die ganze Scheibe.«
Prüfer. »Gut. Was passiert, wenn er den Wagen nach drei Tagen holt?«
Schüler. »Nichts. Der Wagen ist noch nicht fertig.«
Prüfer. »Warum ist er noch nicht fertig?«
Schüler. »Weil wir die Kupplung ausgebaut haben.«
Prüfer. »Der Kunde will den Wagen woandershin bringen.«
Schüler. »Ohne Kupplung?«
Prüfer. »Prächtig! Wann bekommt der Kunde seinen Wagen?«
Schüler. »Wenn die Lackierung der Vorderseite beendet ist.«
Prüfer. »Kommt dieser Kunde jemals wieder?«

Schüler. »Muß er ja.«
Prüfer. »Warum?«
Schüler. »Der Scheibenwischer. Er funktioniert wieder nicht.«
Prüfer. »Was sagen Sie ihm?«
Schüler. »Komisch – hat's denn geregnet?«
Prüfer. »Wie reagiert der Kunde darauf?«
Schüler. »Er wird unverschämt und behauptet, wir hätten den Scheibenwischer schlecht repariert.«
Prüfer. »Wie reagieren Sie auf diese Beleidigung?«
Schüler. »Ich spiele lässig mit dem Schraubenschlüssel. Das beruhigt ihn sehr. Er bekommt den Scheibenwischer repariert – für denselben Preis natürlich.«
Prüfer. »Ein anderer Fahrer klagt über ein Klopfen im Motor.«
Schüler. »Ich tippe auf schweren Getriebeschaden.«
Prüfer. »Er sagt, der Wagen käme gerade aus der Inspektion.«
Schüler. »Ich kann das nicht glauben.«
Prüfer. »Sie erfahren, die Inspektion fand bei Ihnen statt.«
Schüler. »Ich frage ihn, wie er das so schnell geschafft hat. Dann öffne ich die Motorhaube.«
Prüfer. »Das Getriebe ist in Ordnung?«
Schüler. »Natürlich. Das baue ich aus und ... und ...«
Prüfer. »Zerbrechen bei dieser Gelegenheit die Ölpumpe ...«
Schüler. »Genau!«
Prüfer. »Was kostet den Kunden der ganze Spaß?«
Schüler. »437 Mark. Davon 234,50 Mark für Arbeitszeit.«
Prüfer. »Wie lange war die?«
Schüler. »Zwei Stunden. Für zehn Mann.«
Prüfer. »Können Sie ihm noch eine zusätzliche Freude machen?«
Schüler. »Ich kann ihm einen neuen Satz Zündkerzen einsetzen.«

P r ü f e r. »Welchen Fehler dürfen Sie dabei niemals machen?«
S c h ü l e r. »Tatsächlich neue Zündkerzen einsetzen – statt die alten ein bißchen blank zu putzen.«
P r ü f e r. »Bestanden! Sie werden es in dieser Branche weit bringen.«

3. Johann Grob: Auf einen hinweg ziehenden Arzt

Herr Doctor / seit daß du hinweg zu ziehn entschlossen /
Traurt mancher handwercksmann; dan welch ein übler possen
Geschieht der Schreinerzunft / die todtensarke[2] macht /
Die du durch deinen fleiß hoch in den preis gebracht.
Der Mahler steht betrübt / und klaget dich nicht minder /
Der durch des pinsels zug die abgestorbnen kinder
Oftmals entwerffen muß / du brachtest ihm genieß[3] /
So vielmal als man dich zu kindern holen ließ.
Der Priester siehet saur / man hört den Glökner klagen /
Der Todtengräber will für leide fast verzagen:
Die Schuhl' und ihr Regent zieht trauerkleider an /
Daß man nicht mehr so oft zu grabe singen kan.[4]
Der Maürer ganze schaar erzeigt sich auch bestürzet /
Weil ihre hoffnung sich deßwegen gar verkürzet:
Man stach ja schon den raum zum neüen Kirchhof ab:
Daß diß nicht für sich geht / macht nur dein wanderstab.

2. Särge.
3. Nutzen, Gewinn.
4. Im 17. Jh. war das Singen bei Leichenbegängnissen noch eine wichtige und oft lebensnotwendige Einnahmequelle für Lehrer und Schüler.

4. Gottlieb Konrad Pfeffel: Der gute Arzt

Stax ist ein Pfuscher, sagen sie,
Die Feinde, die den Mann beneiden.
Ein guter Arzt ist er, denn nie
Läßt er die Kranken lange leiden.

5. Joachim Schwedhelm: Doktor-Spiele

Uwe ist der Onkel Doktor. Werner sagt, er hat Magenschmerzen, obwohl er gerade erst am Magen operiert worden ist. Uwe sagt: »Gehen Sie mal schön nach Hause, und stecken Sie den Finger in den Hals! Wenn der Onkel Chirurg einen Tupfer im Magen vergessen hat, kommt der dann schon heraus!«

Jetzt ist Heinz der Onkel Doktor. Dagmar ist Privatpatientin. Heinz fragt: »Nanu, Sie schon wieder? Haben Sie sich von meiner letzten Rechnung schon erholt?« Dann zeigt er ihr seinen neuen Honorarkatalog. Dagmar fällt vor Schreck vom Stuhl. Heinz notiert sofort auf seiner Karteikarte: »Reflexe normal.«

Onkel Doktor Erwin hängt ein Schild an seine Tür: »Heute keine Praxis!« Er muß zum Ärztekongreß. Professor Max hält einen Vortrag über die schwindende Vertrauensbasis zwischen Arzt und Patient. »Können wir Ärzte noch Vertrauen haben, wenn uns immer mehr Patienten wegen eines Kunstfehlers verklagen?« fragt Max.

6. Georg Christoph Lichtenberg: Aphorismus

So sagt man, jemand bekleidet ein Amt, wenn er von dem Amt bekleidet wird.

7. Heinrich Heine: Die Stadt Lucca, 4. Kapitel (Ausschnitt)

Anknüpfend an die Begegnung mit einem Mönch in der Nähe von Lucca stellt Heine die italienischen und die deutschen katholischen Geistlichen einander gegenüber und weitet seine Betrachtungen dann auf Geistliche überhaupt aus.

Ist es doch eine bekannte Bemerkung, daß die Pfaffen in der ganzen Welt, Rabbinen[5], Muftis[6], Dominikaner[7], Konsistorialräte[8], Popen[9], Bonzen[10], kurz, das ganze diplomatische Korps Gottes, im Gesichte eine gewisse Familienähnlichkeit haben, wie man sie immer findet bei Leuten, die ein und dasselbe Gewerbe treiben. Schneider, in der ganzen Welt, zeichnen sich aus durch die Zartheit der Glieder, Metzger und Soldaten tragen wieder überall denselben farouchen[11] Anstrich, Juden haben ihre eigentümlich ehrliche Miene, nicht weil sie von Abraham, Isaak und Jakob abstammen, sondern weil sie Kaufleute sind, und der Frankfurter christliche Kaufmann sieht dem Frankfurter jüdischen Kaufmann ebenso ähnlich wie ein faules Ei dem andern. Die geistlichen Kaufleute, solche, die von Religionsgeschäften ihren Unterhalt gewinnen, erlangen daher auch im Gesicht eine Ähnlichkeit. Freilich, einige Nuancen entstehen durch die Art und Weise, wie sie ihr Geschäft treiben. Der katholische Pfaffe treibt es mehr wie ein Kommis[12], der in einer großen Handlung angestellt ist; die Kirche, das große Haus, dessen Chef der Papst ist, gibt ihm bestimmte Beschäftigung und dafür ein bestimmtes

5. jüd. Glaubenslehrer, Prediger.
6. moslem. Gelehrte des religiösen Rechts.
7. Mönche des 1216 vom Hl. Dominikus gegründeten Bettelordens.
8. Mitglieder eines Konsistoriums, des Landeskirchenamts der ev. Kirche
9. Priester der Ostkirche.
10. buddhistische Priester.
11. frz., wild.
12. Handlungsgehilfe.

Salär[13]; er arbeitet lässig, wie jeder, der nicht für eigene Rechnung arbeitet und viele Kollegen hat und im großen Geschäftstreiben leicht unbemerkt bleibt – nur der Kredit des Hauses liegt ihm am Herzen und noch mehr dessen Erhaltung, da er bei einem etwaigen Bankerotte seinen Lebensunterhalt verlöre. Der protestantische Pfaffe hingegen ist überall selbst Prinzipal[14], und er treibt die Religionsgeschäfte für eigene Rechnung. Er treibt keinen Großhandel wie sein katholischer Gewerbsgenosse, sondern nur einen Kleinhandel; und da er demselben allein vorstehen muß, darf er nicht lässig sein, er muß seine Glaubensartikel den Leuten anrühmen, die Artikel seiner Konkurrenten herabsetzen, und als echter Kleinhändler steht er in seiner Ausschnittbude, voll von Gewerbsneid gegen alle großen Häuser, absonderlich gegen das große Haus in Rom, das viele tausend Buchhalter und Packknechte besoldet und seine Faktoreien[15] hat in allen vier Weltteilen.

8. *Karl Kraus: Das Gericht (gekürzt)*

Kraus konfrontiert zwei Zeitungsberichte und verwendet dann an Stelle eines eigenen Kommentars – wie sonst in ähnlichen Fällen – einen Ausschnitt aus einem Roman von Charles Dickens, was er am Ende des Textes vermerkt.

Aus einer und derselben Gerichtssaalrubrik:

Der 37jährige Straßenkehrer R. hatte zu dem Dienstmädchen Anna L., die im gleichen Hause wie er wohnte, eine Neigung ge-

Gegen die Gemischtwarenverschleißerin[16] Julie G. wurde kürzlich eine anonyme Anzeige erstattet, nach welcher die Frau ihr drei-

13. Gehalt, Lohn.
14. Inhaber eines kaufmännischen Unternehmens.
15. Handelsniederlassungen.
16. *Verschleiß:* österr., Kleinverkauf, Vertrieb.

faßt, fand aber keine Gelegenheit, sich ihr zu nähern. Am 28. November v. J. begab sich das Mädchen zeitlich früh in die Bügelkammer. R. schlich ihr nach, packte sie von rückwärts und versuchte sie zu küssen. Da sie sich wehrte und zu schreien begann, hielt er ihr mit der Hand den Mund zu, und zwar mit solcher Gewalt, daß sie an den Lippen leichte Verletzungen erlitt. Im Ringen fielen beide zu Boden, doch wehrte Anna L. so tapfer alle Angriffe ab, daß R. endlich von ihr abließ und aus der Bügelkammer flüchtete. Gestern hatte sich R. vor einem Erkenntnissenat[19] wegen Einschränkung der persönlichen Freiheit zu verantworten. Der Angeklagte gab an, er habe das Mädchen nur küssen wollen; daß sie zu Boden gefallen sei, wisse er nicht, auch den Mund habe er ihr nicht zugehalten ... Der Gerichtshof verurteilte den Angeklagten zu vier Monaten schweren Kerkers.

jähriges Söhnchen Leopold oft in der unmenschlichsten Weise mißhandelt, und zwar stets in der Abwesenheit ihres Gatten, der Sicherheitswachmann[17] ist. Die hierauf gepflogenen Erhebungen führten zu einer Anklage, über die gestern der Bezirksrichter zu judizieren[18] hatte. Zwei Zeuginnen erzählten geradezu schauerliche Einzelheiten aus dem Martyrium des Kindes, das bei dem geringfügigsten Anlaß blutig geprügelt wurde. Einmal soll ihn die Angeklagte derart auf den Mund geschlagen haben, daß die Oberlippe zum Teil durchtrennt wurde, und ehe noch die Wunde verheilt war, wurde sie durch neuerliche Mißhandlungen wieder aufgerissen. Als das Kind unlängst von einer Übelkeit befallen wurde, soll die Mutter ihm das Erbrochene wieder in den Mund gestopft haben. Wenn der Kleine infolge der Züchtigungen schrie, so pflegte ihm die Frau den Kopf in einen Polster zu drücken.

17. österr., Polizist.
18. veraltet für: das Richteramt ausüben, Recht sprechen.
19. *Erkenntnis:* österr., gerichtliche Entscheidung.

Der Richter verurteilte die Angeklagte zur Strafe des strengen Verweises.

»In der Nähe von jener alten Pforte mit dem bleiernen Kopfe, dem schicklichsten Zierat für die Schwelle einer alten Körperschaft mit bleiernem Kopfe, dem Temple Bar[20], ist der rauhe Nachmittag am rauhesten, ist der dichte Nebel am dichtesten, sind die schmutzigen Straßen am schmutzigsten. Und dicht am Temple Bar, in Lincolns Jun-Sale, so recht eigentlich im Herzen des Nebels, sitzt seine Lordschaft der Oberkanzler in seinem Hohen Kanzleigerichtshofe. Nimmer kann dorthin Nebel zu dicht kommen, nimmer kann dorthin Schlamm und Schmutz zu tief sich lagern, wenn er zu dem Zustande unsicheren Tastens und Umherfahrens passen soll, in dem sich angesichts von Himmel und Erde dieser Hohe Kanzleigerichtshof, der giftigste grauhaarige Sünder, den es geben mag, heute befindet.
– – An einem solchen Nachmittage sollten, wie es heute der Fall ist, einige Dutzend Beisitzer des Hohen Kanzleigerichtshofes versammelt sitzen, nebelhaft vertieft in eines der zehntausend Stadien eines Prozesses ohne Ende, wobei dann einer dem andern, auf schlüpfrigen Präzedenzfällen[21] fußend, ein Bein stellt, beide bis zu den Knien in technischen Förmlichkeiten herumtappen, mit ihren mit Ziegen- und Roßhaar wattierten Schädeln[22] wider Wälle von Worten rennen und mit ernsten Gesichtern nach Komödien-Art so tun, als wollten sie Recht und Billigkeit gelten lassen.
– – Wie ich gestern diesen würdigen Gerichtshof mit so heiligem Ernste die Partie weiterleiern sah und bei mir dachte: wie jämmerlich es doch um die Figuren auf dem Brette bestellt sei, da taten mir Kopf und Herz zusammen

20. Westeingang der City von London, benannt nach dem angrenzenden Temple, einem Gebäudekomplex, in dem Gerichtshöfe untergebracht sind.

21. Musterfälle, nach denen spätere Fälle beurteilt werden; in der engl. Rechtspraxis grundlegend.

22. Anspielung auf die Perücken der Richter.

bitter weh. Der Kopf schmerzte mir vom Sinnen darüber, wie es wohl gehen möchte, wenn die Menschheit weder aus Narren noch aus Schurken bestände – und das Herz tat mir weh über den Gedanken, daß die Menschen schließlich gar beides zusammen sein könnten –! [...]«

Aus *Bleak House*, Roman von Charles Dickens

9. Ludwig Thoma: Der Einser

Es klopfte, und der königliche Amtsrichter Josef Amesreiter rief: »Herein!« Dann erschien unter der Türe Frau Realitätenbesitzerswitwe[23] Karoline Zwerger. Eine hübsche junge Frau mit angenehmen Rundungen, da, wo sie am Platze sind.
Sie führte an der Hand ein kleines Mädchen von sieben Jahren, welches verschämt zu Boden blickte.
Auch Frau Zwerger war in einiger Verlegenheit, wie das vielen Leuten geschieht, wenn sie mit Behörden in Berührung kommen. Und dann schielte der Herr Amesreiter so merkwürdig über seine Brillengläser hinaus und schaute sie ganz sonderbar an.
Vielleicht meinte Frau Zwerger ...? Aber das war ausgeschlossen.
Denn Amesreiter war ein sogenannter glänzender Jurist, hatte das Staatsexamen mit I gemacht und war sohin zeugungsunfähig.
Nein, an so etwas dachte er nicht.
Er schaute überhaupt immer so, und Frau Zwerger brauchte nicht rot zu werden.
»Also, was wollen Sie?«
Die junge Frau wollte, nicht wahr, dieses Kind also, ihr Mann nämlich war gestorben, und weil sie selber keine Kinder hatten, dieses Kind also zu sich nehmen.
Gut, oder vielmehr nicht gut. Was heißt zu sich nehmen?

23. *Realitäten:* bair.-österr. für Immobilien (Grundstücke, Häuser).

Was sollen diese unklaren Worte in einem klaren Rechtsgeschäfte?
Frau Karoline Zwerger wollte vermittelst der adoptio oder Wahlkindschaft, und zwar vermittelst der adoptio in specie minus plena[24], wozu sie nach erstem Teil, fünftes Kapitel, Paragraph elf bereits in der Geltungszeit des Codex Maximilianeus[25] Bavaricus als Weibsperson berechtigt war, an Kindes Statt annehmen die miterschienene Franziska Furtner.
Ist es nicht so?
Und wenn es so ist, Frau Zwerger, warum sagen Sie dann »zu sich nehmen«? Warum sind Sie nicht imstande, Ihrem auf Perfektion eines Rechtsgeschäfts gerichteten Willen deutlichen Ausdruck zu verleihen?
Die rundliche Frau weiß es nicht, aber sie weiß, daß dieser lange Mensch mit den vorquellenden Augen, der sie mit seiner Gelehrsamkeit anspuckt, ein königlicher Richter ist, eine Respektsperson. Und darum wagt sie es nicht, sich darüber innerlich klar zu werden, daß er trotz Stellung und Gelehrsamkeit ein recht saudummer Kerl ist. Ein Viech mit zwei Haxen, wie der Realitätenbesitzer Nepomuk Zwerger – Gott hab' ihn selig – immer zu sagen pflegte.
Nein, sie wagte es nicht; sie beantwortete, eine Stunde lang, die blödesten Fragen, welche der Exameneinser Josef Amesreiter an sie stellte, und wenn ihr manches sonderbar erschien, dann dachte sie bescheiden, daß ihr schlichter Verstand nicht hinreiche, die geheime Weisheit zu sehen. Endlich war die adoptio minus plena fertig. Da sagte Frau Zwerger zu dem kleinen Mädchen:
»So, jetzt bedank dich auch recht schön beim Herrn Amtsrichter, und mach ein Kompliment und gib ihm dein Blumenbukettl.«

24. lat., wörtl.: die Adoption, insbesondere die nicht vollständige (d. h. die Teiladoption).
25. Dieses Gesetzeswerk, 1756 von Kurfürst Max III. Josef in Bayern in Kraft gesetzt, galt mit dem zivilrechtlichen Teil des Bayerischen Landrechts bis 1900, d. h. bis zur Ablösung durch das Bürgerliche Gesetzbuch (BGB).

Fannerl knickste, wie man es in der Schule bei den Englischen Fräulein[26] lernt, und streckte ihr Sträußchen dem gestrengen Herrn hin.
Es waren zwei Rosen und drei gesprenkelte Nelken.
Eine solche Tathandlung war dem Josef Amesreiter noch niemals begegnet, und er geriet in einige Verlegenheit.
Jedoch, bevor er sich besann und den Fall richtig prüfte, hatte er die Blumen in der Hand und war Frau Zwerger mit der Adoptatin verschwunden. Er ging einige Male auf und ab und überlegte. Diese Sache war nicht einfach.
Es lag eine Schenkung vor, unleugbar, eine donatio inter vivos[27], und überdies konnte sie als der Belohnung halber geschehen sein. Dies aber war unverträglich mit dem richterlichen Amte. Wie gesagt, Amesreiter überdachte mit juristischer Schärfe dieses Geschehnis und fand nach eifrigem Suchen den richtigen Ausweg.
Er befahl dem Schreiber, das Protokoll noch einmal vorzunehmen und diktierte.
»Nachtrag – haben Sie?«
»Nachtrag.«
»Erstens: Nach Abschluß des obigen Protokolls übergab das Wahlkind auf Betreiben der Wahlmutter dem unterfertigten Richter fünf Blumen – fünf Blumen.
Halten Sie, was sind das für Blumen?«
»Zwoa Rosen«, sagte der Schreiber, »und dös andere san Nagerln, Nölken!«
»So? So – – also schreiben Sie fünf Blumen, Komma, welche diesgerichtlich als zwei Rosen und drei Nelken bezeichnet wurden.
Zweitens: Der unterfertigte Richter nahm die obengenannten Blumen an in der Erwägung, daß die Annahmeverweigerung das natürliche Gefühl der Dankbarkeit in dem Wahlkinde zu ersticken geeignet war.

26. von kath. Engländerinnen 1626 in München gegründete Frauenvereinigung zur Erziehung von Mädchen gehobener Stände.
27. lat., Schenkung zwischen Lebenden (im betonten Gegensatz zur Erbschaft).

Drittens: Fünf Blumen mit Akt an den Herrn Gerichtsvorstand mit dem Ersuchen um geneigte Rückäußerung, ob gegen die Annahme Bedenken bestehen.«
So, das war geschehen. Und der Schreiber wickelte um die Rosen und die gesprenkelten Nelken einen blauweißen[28] Faden und legte sie zwischen die Aktendeckel, wo sie baldigst erstickten, wie alles frische Leben, das in Aktendeckel gelangt.
Josef Amesreiter aber fühlte sich in gehobener Stimmung. Er hatte gehandelt, wie man es von einem Einser erwarten durfte.
Von einem Viech mit zwei Haxen, wie der selige Herr Zwerger zu sagen pflegte.

B. Schule

10. Kurt Jeschonek: Aphorismus

solange einzelne durch denken auffallen
hat das volk schlechte schulen

11. Liselotte Rauner: Epigramm

Der Jugend ist jede Zerstreuung erlaubt
die ihre Sammlung verhindert

28. die bayer. Landesfarben.

12. *Volksmund*

Leise zieht durch mein Gemüt[29]
Bimmel und Gebammel
Und aus dem Gymnasium zieht
Eine Herde Hammel

13. *Arnfrid Astel: Lektion*

Ich hatte schlechte Lehrer.
Das war eine gute Schule.

14. *Bertolt Brecht: Flüchtlingsgespräche (Ausschnitt)*

Bei den »Flüchtlingsgesprächen« handelt es sich um einen »Dialog über den Weltlauf« zwischen zwei arbeits- und mittellosen deutschen Emigranten, dem Physiker Ziffel und dem Metallarbeiter Kalle, die im Bahnhofsrestaurant von Helsinki ein Gespräch beginnen und sich dann ständig zu immer offeneren Unterredungen treffen.

Ziffel. [...] Die Lehrer haben die entsagungsreiche Aufgabe, Grundtypen der Menschheit zu verkörpern, mit denen es der junge Mensch später im Leben zu tun haben wird. Er bekommt Gelegenheit, vier bis sechs Stunden am Tag Roheit, Bosheit und Ungerechtigkeit zu studieren. Für solch einen Unterricht wäre kein Schulgeld zu hoch, er wird aber sogar unentgeltlich, auf Staatskosten geliefert.

29. Das früher namentlich auch als Lied in den Schulen sehr bekannte Gedicht »Frühlingsbotschaft« von Heine beginnt:

Leise zieht durch mein Gemüt
Liebliches Geläute.
Klinge kleines Frühlingslied,
Kling' hinaus ins Weite!

Groß tritt dem jungen Menschen in der Schule in unvergeßlichen Gestaltungen der *Unmensch* gegenüber. Dieser besitzt eine fast schrankenlose Gewalt. Ausgestattet mit pädagogischen Kenntnissen und langjähriger Erfahrung erzieht er den Schüler zu seinem Ebenbild.
Der Schüler lernt alles, was nötig ist, um im Leben vorwärts zu kommen. Es ist dasselbe, was nötig ist, um in der Schule vorwärts zu kommen. Es handelt sich um Unterschleif[30], Vortäuschung von Kenntnissen, Fähigkeit, sich ungestraft zu rächen, schnelle Aneignung von Gemeinplätzen, Schmeichelei, Unterwürfigkeit, Bereitschaft, seinesgleichen an die Höherstehenden zu verraten usw. usw.
Das Wichtigste ist doch die Menschenkenntnis. Sie wird in Form von Lehrerkenntnis erworben. Der Schüler muß die Schwächen des Lehrers erkennen und sie auszunützen verstehen, sonst wird er sich niemals dagegen wehren können, einen ganzen Rattenkönig[31] völlig wertlosen Bildungsgutes hineingestopft zu bekommen. Unser bester Lehrer war ein großer, erstaunlich häßlicher Mann, der in seiner Jugend, wie es hieß, eine Professur angestrebt hatte, mit diesem Versuch aber gescheitert war. Diese Enttäuschung brachte alle in ihm schlummernden Kräfte zu voller Entfaltung. Er liebte es, uns unvorbereitet einem Examen zu unterwerfen, und stieß kleine Schreie der Wollust aus, wenn wir keine Antworten wußten. Beinahe noch mehr verhaßt machte er sich durch seine Gewohnheit, zwei bis drei Mal in der Stunde hinter die große Tafel zu gehen und aus der Rocktasche ein Stück nicht eingewickelten Käses zu fischen, den er dann, weiterlehrend, zermummelte. Er unterrichtete in Chemie, aber es hätte keinen Unterschied ausgemacht, wenn es Garnknäuelauflösen gewesen wäre. Er brauchte den Unterrichtsstoff, wie die Schauspieler eine Fabel brauchen, um *sich* zu zeigen. Seine Aufgabe war es, aus uns *Menschen*

30. Unterschlagung.
31. junge Ratten, deren Schwänze vom Nestleben her so miteinander verschlungen und verklebt sind, daß sie von den Tieren selbst nicht gelöst werden können.

zu machen. Das gelang ihm nicht schlecht. Wir lernten keine Chemie bei ihm, wohl aber, wie man sich rächt. [. . .]
Der Staat sicherte die Lebendigkeit des Unterrichts auf eine sehr einfache Weise. Dadurch, daß jeder Lehrer nur ein ganz bestimmtes Quantum Wissen vorzutragen hatte und dies jahraus, jahrein, wurde er gegen den Stoff selber völlig abgestumpft und durch ihn nicht mehr vom Hauptziel abgelenkt: dem sich Ausleben vor den Schülern. Alle seine privaten Enttäuschungen, finanziellen Sorgen, familiären Mißgeschicke erledigte er im Unterricht, seine Schüler so daran beteiligend. Von keinerlei stofflichem Interesse fortgerissen, vermochte er sich darauf zu konzentrieren, die Seelen der jungen Leute auszubilden und ihnen alle Formen des Unterschleifs beizubringen. So bereitete er sie auf den Eintritt in eine Welt vor, wo ihnen gerade solche Leute wie er entgegentreten, verkrüppelte, beschädigte, mit allen Wassern gewaschene. Ich höre, daß die Schulen oder wenigstens einige von ihnen heute auf anderen Prinzipien aufgebaut seien als zu meiner Schulzeit. Die Kinder würden in ihnen gerecht und verständig behandelt. Wenn dem so wäre, würde ich es sehr bedauern. Wir lernten noch in der Schule solche Dinge wie Standesunterschiede, das gehörte zu den Lehrfächern. Die Kinder der besseren Leute wurden besser behandelt als die der Leute, welche arbeiteten. Sollte dieses Lehrfach aus den Schulplänen der heutigen Schulen entfernt worden sein, würden die jungen Menschen diesen Unterschied in der Behandlung, der so unendlich wichtig ist, also erst im Leben kennenlernen. Alles, was sie in der Schule, im Verkehr mit den Lehrern, gelernt hätten, müßte sie draußen im Leben, das so sehr anders ist, zu den lächerlichsten Handlungen verleiten. Sie wären kunstvoll darüber getäuscht, wie sich die Welt ihnen gegenüber benehmen wird. Sie würden fair play, Wohlwollen, Interesse erwarten und ganz und gar unerzogen, ungerüstet, hilflos der Gesellschaft ausgeliefert sein.
Da wurde ich doch ganz anders vorbereitet! Ich trat aus-

gerüstet mit soliden Kenntnissen über die Natur der Menschen ins Leben ein.
Ich hatte, nachdem meine Erziehung einigermaßen abgeschlossen war, Grund zu der Erwartung, daß ich, mit einigen mittleren Untugenden ausgestattet und einige nicht allzu schwere Scheußlichkeiten noch erlernend, halbwegs passabel durchs Leben kommen würde. Das war eine Täuschung. Eines Tages wurden plötzlich Tugenden verlangt. Und damit schließ ich für heut, weil ich Sie jetzt gespannt habe.

Kalle. Ihr milder Standpunkt gegenüber der Schule ist ungewohnt und sozusagen von einer hohen Warte aus. Jedenfalls seh ich erst jetzt, daß auch ich was gelernt hab. Ich erinner mich, daß wir gleich am ersten Tag eine gute Lektion erhalten haben. Wie wir ins Klassenzimmer gekommen sind, gewaschen und mit einem Ranzen, und die Eltern weggeschickt waren, sind wir an der Wand aufgestellt worden, und dann hat der Lehrer kommandiert: »Jeder einen Platz suchen«, und wir sind zu den Bänken gegangen. Weil ein Platz zu wenig da war, hat ein Schüler keinen gefunden und ist im Gang zwischen den Bänken gestanden, wie alle gesessen sind. Der Lehrer hat ihn stehend erwischt und ihm eine Maulschelle gelangt. Das war für uns alle eine sehr gute Lehre, daß man nicht Pech haben darf.

Ziffel. Das war ein Genius von einem Lehrer. Wie hat er geheißen?

Kalle. Herrnreitter.

15. Hellmut Holthaus: Neue Geschichten aus der Zachurei

26. Geschichte (gekürzt)

Gibt Kenntnis von einer praktischen Maschine,
die eine neue Epoche im Erziehungswesen einleitet.
Etwas für die Kinder

Scheußlich, diese Schulaufgaben! Jeden Tag dieselbe Mühsal und Quälerei. Man könnte einen Drachen bauen. Aber nein, es wird ein Aufsatz geschrieben: Der Herbst als Freudenbringer. [...]

Ekelhaft. Da sitzt man nun den ganzen Nachmittag. Die schöne Zeit verrinnt, das Stundenglas ist voll von ungetanen Taten, unerlebten Abenteuern und unentdeckten Geheimnissen. Die Lustbarkeiten des Lebens finden nicht statt. Ablaut ist der Wechsel des Stammvokals. Der Maulwurf frißt Engerlinge. Der Herbst bringt Freuden. Wann denn? Wenn man mit den Hausaufgaben fertig ist, muß man schon bald ins Bett. Höchstens darf man vorher noch die Milch holen.

Ich weiß, Kinder. Es ist ein Elend. Da haben es die zachurischen Kinder doch besser! Die machen längst keine Schularbeiten mehr.

Das wißt ihr noch nicht? Dann will ich es euch erzählen. Ihr habt ja wohl schon gehört, daß ich öfter in die Zachurei reise. Meistens sage ich dann auch den Zorbes' guten Tag. Zorbes' sind alte Freunde von mir. Als ich im Sommer zu ihnen kam, hatten sie sich ein neues Möbel angeschafft, eine schöne korallenrote Truhe. Es war um die Mittagsstunde, der Quintaner Qurd kam aus der Schule, begrüßte uns, schlug den Deckel der Truhe zurück und kippte den Inhalt seines Schulranzens hinein. Dann drückte er einen Knopf. Sogleich begann über dem Kasten ein kleines Düsenflugzeug zu kreisen, und an der Vorderwand lief der Film »Zimmy der Weltraumfahrer« ab. Der Junge setzte sich davor und sah zu.

Zuerst, sagte Herr Zorbes, hatten wir das kleine Transistorgerät »Primus«, das schrieb aber bloß Aufsätze, während »Richard« alles macht. Ein Schulaufgabensuper, wie er sein soll. Ein Universalgerät.
Was sollen denn der Düsenjäger und das Kino? fragte ich.
Zur Belustigung des Schülers, erklärte Herr Zorbes. Damit das Kind unterhalten wird, während »Richard« die Aufgaben macht. Das Flugzeug zeigt übrigens die Beendigung der Arbeit an. Wenn es landet, ist alles fertig.
»Richard«, sagte der Quintaner, ist das Beste, was jetzt auf dem Markt ist! Hier! Er drückte mir die Morgenzeitung in die Hand und deutete auf eine halbseitige Reklame. Dann wandte er seine Aufmerksamkeit wieder dem Kino zu, während ich las:

Papa, kauf mir einen »Richard«!

»Richard Perfekt«, der ausgereifte Schularbeitengroßsuper für den modernen Schüler. Das universelle Gerät von höchster Spitzenleistung. Große Betriebs- und Strafarbeitensicherheit. Elegantes Gehäuse aus hochglanzpoliertem Preßstoff. Ein Meisterwerk in Form und Technik. Auch zum Einbau ins Auto lieferbar. Die Lernmittel werden einfach in den Trichter geschüttet, alles andere erledigt »Richard«. Er läßt sich dabei auch durch Schlaglöcher nicht beirren. »Richard« rechnet, zeichnet, übersetzt und schreibt Aufsätze, die das Entzücken der Lehrer sind. Studiengeschwindigkeit 19/sec. Ideale Kombination von Hausaufgabenautomat und Unterhaltungsgerät durch Wildwest-Musterschüler-Verbundschaltung. Mit impulsgesteuertem Rechtschreiberegler, Rechengleichrichter, Kino, ausschwenkbarem Düsenjägerflugplatz, Löschblattverteiler und elektronischem Eselsohrenentferner. Bleistiftspitzer mit Schwungradantrieb. Auf Wunsch mit Zensurenpeiler und Knallkompressorpistole. Vollendete Versetzungsautomatik.
Jawohl, nickte Herr Zorbes. Ein »Richard« gehört in jedes Haus. Auch zur Entlastung der Eltern! Man weiß doch, wie es ist, wenn die Kinder Schulaufgaben machen müssen.

In einer Ecke sitzt einer und verschiebt bei seinen Dezimalrechnungen immer das Komma in der falschen Richtung, und in der anderen Ecke bringt einer glücklich drei Aufsatzzeilen pro Stunde zustande. Was für ein zähes Gewürge! Die Kerle sind ja faul wie Mist! Und dann haben die Eltern auch noch die Schularbeiten am Hals. Dafür hat man doch gar keine Zeit. Fortschritt, mein Lieber!
Mit diesen Worten deutete er auf den Schularbeitensuper. Der Düsenjäger setzte soeben zur Landung an, und »Richard« stieß den tadellos gepackten Ranzen aus.

16. Johannes Beck: Keine Schülerschule (Ausschnitt)

Die Kapitelüberschrift nennt die These, die in diesem Abschnitt belegt werden soll. Der Verfasser bedient sich in seinen schulkritischen »Untersuchungen für die Praxis« vielfältiger satirischer Darstellungsmittel, was bei einem »rororo s a c h buch« bemerkenswert erscheinen muß.

Vom »Guten Morgen« übers Hefterausnehmen bis zum Stuhlgang und den Weiheriten der Zeugnisausgabe ist alles durchritualisiert.

Drittes Schuljahr: Stumm hebt der Lehrer den Arm. In der Hand hält er eine Kugel. Er nickt. Da schreiben alle Kinder. Nach wenigen Minuten sagt er: »Und?!« Da melden sich fünf – acht – dann alle. Der Lehrer zeigt auf Nummer acht. Der liest: »Die Kugel ist rund.« »Gut, der nächste!« »Die Kugel ist rund.« »Jetzt du, Achim!« »Die Kugel ist rund.« »Wie ist die Kugel?« Alle: »Rund!« »Wie heißt das?« Alle: »Die Kugel ist rund!« »Gut – weiter!« Der Lehrer hält einen Würfel hoch ... usw.

Im Zirkus: Der Dompteur klatscht in die Hände. Da turnen die Affen am Trapez. Er klatscht wieder. Da stehen sie der Größe nach in der Manege. Jeder bekommt eine Banane. Eine großartige Show.

In der Turnhalle: Es pfeift. Schon stehen vierundzwanzig Schüler der Größe nach an der Wand. Jeder bekommt eine Note für seine Übung. »Wegtreten.« Alles läuft »wie am Schnürchen«. Der Turnlehrer meint, daß er und seine Schüler das gut so finden: »Ein Pfiff, und schon klappt alles – da braucht man nicht lange rumreden.« Ein Signal, und man weiß, was man zu tun hat. »Ist doch sonst auch so im Leben, oder nicht?« Recht hat er. Und was lernt man dabei fürs Leben? Wem nützt das Affenritual? Den Schülern bestimmt nicht.

17. Heinrich Mann: Der Untertan (Ausschnitt)

Der Roman sollte nach einem ursprünglich vorgesehenen Untertitel die »Geschichte der öffentlichen Seele in Deutschland« darstellen, als deren Verkörperung Diederich Heßling erscheint. Dessen Grundsatz lautet im späteren Leben: »Wer treten wollte, mußte sich treten lassen.« Der Roman zeigt die Entwicklung dieses Grundsatzes in immer neuen Episoden, in denen Diederich ständig variiert die »Zugehörigkeit zu einem unpersönlichen Ganzen« und die »Verehrung der Macht« erfährt und praktiziert.

Nach so vielen furchtbaren Gewalten, denen man unterworfen war, nach den Märchenkröten, dem Vater, dem lieben Gott, dem Burggespenst und der Polizei, nach dem Schornsteinfeger, der einen durch den ganzen Schlot schleifen konnte, bis man auch ein schwarzer Mann war, und dem Doktor, der einen im Hals pinseln durfte und schütteln, wenn man schrie – nach allen diesen Gewalten geriet nun Diederich unter eine noch furchtbarere, den Menschen auf einmal ganz verschlingende: die Schule. Diederich betrat sie heulend, und auch die Antworten, die er wußte, konnte er nicht geben, weil er heulen mußte. Allmählich lernte er den Drang zum Weinen gerade dann auszunutzen,

wenn er nicht gelernt hatte – denn alle Angst machte ihn nicht fleißiger oder weniger träumerisch –, und vermied so, bis die Lehrer sein System durchschaut hatten, manche üblen Folgen. Dem ersten, der es durchschaute, schenkte er seine ganze Achtung; er war plötzlich still und sah ihn, über den gekrümmten und vors Gesicht gehaltenen Arm hinweg, mit scheuer Hingabe an. Immer blieb er den scharfen Lehrern ergeben und willfährig. Den gutmütigen spielte er kleine, schwer nachweisbare Streiche, deren er sich rühmte. Mit viel größerer Genugtuung sprach er von einer Verheerung in den Zeugnissen, von einem riesigen Strafgericht. Bei Tisch berichtete er: »Heute hat Herr Behnke wieder drei durchgehauen.« Und wenn gefragt ward, wen?
»Einer war ich.«
Denn Diederich war so beschaffen, daß die Zugehörigkeit zu seinem unpersönlichen Ganzen, zu diesem unerbittlichen, menschenverachtenden, maschinellen Organismus, der das Gymnasium war, ihn beglückte, daß die Macht, die kalte Macht, an der er selbst, wenn auch nur leidend, teilhatte, sein Stolz war. Am Geburtstag des Ordinarius[32] bekränzte man Katheder und Tafel. Diederich umwand sogar den Rohrstock.
Im Laufe der Jahre berührten zwei über Machthaber hereingebrochene Katastrophen ihn mit heiligem und süßem Schauder. Ein Hilfslehrer ward vor der Klasse vom Direktor heruntergemacht und entlassen. Ein Oberlehrer ward wahnsinnig. Noch höhere Gewalten, der Direktor und das Irrenhaus, waren hier gräßlich mit denen abgefahren, die bis eben so hohe Gewalt hatten. Von unten, klein, aber unversehrt, durfte man die Leichen betrachten und aus ihnen eine die eigene Lage mildernde Lehre ziehen.
Die Macht, die ihn in ihrem Räderwerk hatte, vor seinen jüngeren Schwestern vertrat Diederich sie. Sie mußten nach seinem Diktat schreiben und künstlich noch mehr Fehler machen, als ihnen von selbst gelangen, damit er mit roter

32. früher an Gymnasien als Bezeichnung für den Klassenlehrer verwendet.

Tinte wüten und Strafen austeilen konnte. Sie waren grausam. Die Kleinen schrien – und dann war es an Diederich, sich zu demütigen, um nicht verraten zu werden. [...]
Denn recht geheuer und seiner Sache sicher fühlte er sich nur, wenn er selbst die Prügel bekam. Kaum je widerstand er dem Übel. Höchstens bat er den Kameraden: »Nicht auf den Rücken, das ist ungesund.«

18. Wolfram Siebeck: Wie der Ochs vorm Berge

Deutschlands Mittelgebirge haben Zuwachs bekommen. Neben dem Butterberg, dem Rinderberg und dem Berg der Beschwerdebriefe, die täglich von verzweifelten Eltern wegen des unzureichenden Schulunterrichts geschrieben, wegen der hohen Portosätze der verschuldeten Bundespost aber nicht abgeschickt werden – neben diesen stattlichen Bergen erhebt ein neuer sein nicht minder stattliches Haupt, der Lehrerberg.
Er wächst noch, berichten professionelle Bergsteiger, macht aber heute schon einen vielversprechenden Eindruck.
Was er den Eltern verspricht, sind endlich kleine Klassen, in denen Kinder leichter und vielleicht sogar gerne lernen. Er verspricht Lehrer, die ihre Schüler beim Namen kennen und Zeit haben, sich um jeden einzelnen zu kümmern, anstatt in ihnen nur frühpubertierende Nasenbohrer zu sehen, die die Schule nur besuchen, um sie, die Lehrer, zum Wahnsinn zu treiben. Auch verspricht der Lehrerberg so etwas wie wetteifernde Konkurrenz unter den Lehrern; das heißt, es könnten einige von ihnen auf den Gedanken kommen, sich im Unterricht Mühe zu geben, weil nach dem Leistungsprinzip, dem die Schüler unterworfen sind, endlich auch die Lehrer beurteilt werden.
Der Lehrerberg verspricht ein Ende zu machen mit den Stunden, die ausfallen, weil ein Lehrer krank ist; ein Ende mit dem stumpfsinnigen Lehrbetrieb, in dem Schüler mit

Wissen vollgestopft werden auf eine Art, die mit den Legebatterien der Hühnerfarmen vergleichbar ist: Oben Schillers *Glocke* rein, unten eine Zensur raus – Hoffnung aufs Abitur, nur wenn man auswendig gelernt hat, aber keine Chance, wenn man stottert.
All dies verspricht der Lehrerberg. Doch wenn das Versprechen wahr werden soll, müßten sich unsere Schüler in weit größerem Maße als bisher aus Angst vor Zeugnissen umbringen. Denn die vielen Lehrer sind nicht überzählig, weil es zu viele davon gibt, sie sind überzählig, weil es für sie zu wenig Stellen gibt. Und die gibt es nicht, weil der Staat sparen muß. Wo aber spart er am bequemsten? An der Bildung der heranwachsenden Staatsbürger. Denn eine Demokratie braucht auch Dumme.
Wer würde sonst Politiker wählen, die sich voller Stolz als christlich oder als sozial bezeichnen, die stolz darauf sind, daß wir die stärkste Armee, die stabilste Währung, die reichste Industrie und die längsten Autobahnen haben, aber das armseligste Bildungswesen aller zivilisierten Industrienationen – wer außer den Dummen wird solche Fehlbesetzungen auf die Dauer wählen wollen?

C. Moden

19. Christoph Schorer: Brieff

Dem Herrn seind meine officia[33], benebenst freundlicher Salutation[34] jederzeit zuvor.
Sein geliebtes Schreiben habe ich zu recht acceptiert, und darauß seine Gesundheit vernommen / welches mich sehr delectiert[35], mich betreffend / so bin ich / Deo sit gratia[36],

33. Dienste, Höflichkeitsbezeigungen.
34. Begrüßung.
35. freut.
36. Gott sei Dank.

in perfecter Gesundheit und prosperitet[37], Gott wolle uns länger darinnen beyderseits conserviern. Sonsten habe ich nicht viel neues dem Herrn zu significiern[38], allein so hab ich ihme wollen describiern[39] den Statum[40] unsers Landes / darinnen es so miserabel daher gehet / die Schlosser und Dörffer werden total ruiniret, die Bauren torquiert[41], und alles sehr ubel conditioniert[42]. Wir haben gute Sperantz[43] zum Frieden gehabt / aber jetzunder werden wir je mehr und mehr mit Krieg afficiert, allerley hostilitäten[44] sentiren[45] wir / und dörffen keine imagination vom Frieden concipiern[46]. Gott wolle uns Assistentz praestiern[47], damit wir diese exantliern[48] können. GOtt wolle euch vor solcher hostilität praelerviern[49], und uns allen helffen / etc. Aber ich halte davor / ich werden den Herrn molestiern[50] unnd von seinen Officien[51] abhalten mit diesem meinem Schreiben / darumb so wil ichs nicht prolongiern[52], sondern hiemit finiern[53]. Uns alle beyderseits Gottes obacht recommendierent[54]. Datum ut supra[55].

Ey des schönen Brieffs / ist das nicht ein Spott / ein Schand vor ehrlichen / redlichen Teutschen Hertzen / daß ein Teutscher seine Sprach also verunreinen / und mit Lateinischen

37. Wohlergehen, Glück.
38. hier: kundtun, bekanntmachen.
39. beschreiben.
40. Zustand.
41. gequält, gefoltert.
42. in eine üble Lage gebracht.
43. Hoffnung.
44. Feindseligkeiten.
45. wahrnehmen.
46. keine Vorstellung vom Frieden fassen.
47. Hilfe leisten, beistehen.
48. erdulden.
49. im voraus befreien, verschonen.
50. belästigen.
51. hier: Geschäfte.
52. verlängern.
53. beenden.
54. empfehlend.
55. wie oben.

wörtern beflecken solte? Ich schäme mich selbst zu offenbahren. Solte einer vor dieser zeit bey den alten redlichen Teutschen einen solchen Brieff geschrieben haben / ich halte darvor / man hätte ihme Stadt unnd Landt verwiesen. Und warlich / es wäre der rechte Lohn.

20. Karl Kraus: Eingedeutschtes

(Leutnant – Leitmann.) Wir finden in deutschen Blättern: Es war mir eine große Freude, Ihre Mitteilung von der hübschen Eindeutschung des schauerlichen »Trottoirs« in »Trottweg« zu lesen, zumal ich dadurch an eine ähnliche Wortbildung erinnert werde, die mein Sohn, der jetzt als Reserveleutnant im Felde steht, verbrochen hat, als ich mich mit ihm mal über Heeressachen unterhielt. Mit dem Worte Leutnant konnte er gar nicht fertig werden und machte daraus »Leitmann«. Das gefiel mir so, daß ich wiederholt anregte, die Verdeutschung aufzugreifen und an Stelle des damals noch üblichen »Lieutenant« anzuwenden. Leider fand ich keine Gegenliebe. Aber vielleicht könnten Sie durch den großen Einfluß Ihres Blattes, zumal in der heutigen Zeit, besser darauf hinwirken, daß dieser nach meiner Ansicht ganz vortreffliche Ausdruck mal zur allgemeinen Einführung in Erwägung gezogen wird. Zum »Hauptmann« würde »Leitmann« auch dem Wortsinn nach ganz gut passen und ebenso wohl der militärischen Stellung entsprechen.
Fleischhauer, Oberleitmann d. L. a. D.

Das Trottoir, das gemeinhin nur dann schauerlich ist, wenn die Passanten, die dortselbst trotten, zumal in der heutigen Zeit, in Trottel übersetzt werden müssen, wäre also bereits mit Erfolg »eingedeutscht«. Eindeutschen – das ist die Tätigkeit jener in der Außenwelt unbeliebten Leute, die nach erfolgter Ablehnung den heroischen Entschluß gefaßt haben, »sich auf sich selbst zu besinnen«, wie man jetzt sagt, sich also gewissermaßen freiwillig in ein inneres Konzentrationslager zu verfügen und von einer Walhalla[56] mit Exportabteilung zu träumen. Da es kaum gelingen dürfte, sämtliche fremden Kulturen einzudeutschen, so ist es nicht unklug, sich wenigstens rechtzeitig an ein paar Fremdwörtern zu vergreifen, sie als Geiseln zurückzubehalten und sich an ihnen für die eigene Unbeliebtheit zu rächen. Eindeutschen – ist es eine Tortur? Eine Strafe ist es. Eine »Heimsuchung« ist es sicher. »Eingedeutscht sollst du werden!« Ist es eine Zubereitung? »Wir haben heute zu Mittag Eingedeutschtes gehabt.« Eindeutschen – das ist fast eine so vorsichtige Tätigkeit, wie bei Zeiten, zumal in der heutigen Zeit, Dunstobst einlegen. Tatsächlich werden auch mit Vorliebe schon alle Speisen eingedeutscht, die dann weit schmackhafter sein sollen und, soweit erhältlich, eben darum mehr kosten. Nun wäre zwar manch einem ein Rumpsteak, das zu haben ist, lieber als ein blutiges Zwischenlendenstück, das, zumal in der heutigen Zeit, nicht zu haben ist; aber die beruhigende Gewißheit, daß man es unter allen Umständen eindeutschen kann, ist auch etwas wert. Ich für meinen Geschmack würde eine eingedeutschte Speise wohl nicht mit der Feuerzange anrühren und wählte den Hungertod, ehe ich davon äße. Würde ich nur krank, so würde ich an deutschem Wesen sicher nicht genesen. Aber ich würde auch nie behaupten, daß ich mal durch ein abgekürztes Mal satt geworden wäre, und dann behaglich auf dem Trottweg herumspaziert wäre, so bis zum nächsten Fleischhauer, um auch dort nichts zu kriegen, höchstens zu erfahren, daß er derzeit seinen Beruf wo anders ausübe, nämlich im Feld, nämlich als Oberleitmann. Sein Sohn hat das Geschäft auch nicht übernehmen können; er hätte es als Reserveleutnant können, hat aber als Vorratsleitmann einrücken müssen. Nein, da ist nichts zu holen. Nein, so lebe ich nicht. So einer bin ich nicht. Ich weiß, daß die Zeit ernst ist, die heutige. Voll Taten, aber auch voll Gedanken. Voll Aufregungen, aber auch voll Anregungen. Und wenn sie sich

56. Ruhmeshalle bei Regensburg mit Büsten berühmter Deutscher, erbaut 1830–42.

nur den Respekt vor dem Leitmann, der ihr doch wahrlich in Fleisch und Blut übergegangen ist, erhält, so kann ihr am Ende nichts mehr fehlen als ein paar Fremdwörter, zu deren Beseitigung sie das heroischeste Opfer auf sich genommen hat, nämlich das des Intellekts.

21. Joachim Rachel: Erste Satyra: Das Poetische Frauen-Zimmer oder Böse Sieben (Ausschnitt)

Was Teutschland neues hat / was Frankreich letzt erdacht /
Das ist zu erst für sie. Sie ändert ihre Tracht
Fast alle Monat-Zeit. Braucht jedermann Perrükken /
So weiß sie Haupt und Haar mit Zobeln[57]
außzuschmükken /
Legt Flor und Schleyer zu: Wird dieses nachgethan /
So streut sie in den Wind den außgekämmten Mahn[58] /
Gleich wie ein geiles Roß. Wird das gemeine[59] wieder /
So trägt sie einen Hut mit buntem Straußgefieder.
Bald ist sie gantz verkappt / bald zeiget sie mit Lust
Den aufgequollen Schatz der offenbaren Brust.
Bald schnürt sie sich behend / und lest ein Höltzlein
schnitzen
Damit sie unvermärkt den schmalen Leib kan spitzen.
Jetzt hat sie stumpfe Schue / bald kurtze Stiefel an /
Jetzt einen langen Rokk / bald Hosen wie ein Mann.
Was die Natur versäumt / wird durch die Kunst ersetzet /
Sie klebet ans Gesicht / wiewol es unverletzet /
Ein schwartzes Pflastermahl / damit der weisse Schein
Der Schneegeleichen Haut mag offenbahrer sein.
Und ob gleich Venus selbst möcht ihrer Schönheit weichen /
Noch schämet sie sich nicht mit Farben an zustreichen /

57. Marderfell.
58. Mähne.
59. allgemein verbreitet.

Sie schmälert / gleicht und schwärtzt der Augen dünnes
Haar /
Die hohe Venusburg; braucht Krafftmeel / Eyerklaar /
Zinober / Perlenstaub / mit Bergrot eingerühret /
Senff / Spießglaß[60] / Weinstein-Oel / das zarte Haut gebieret.
Biß daß sie von ihr selbst das Urtheil endlich spricht /
Auf dieser gantzen Welt sey ihres gleichen nicht.
Ihr gantzes Tuhn ist nichts als nur mit Weiberwahren /
Ein grosses Geld verthun / mit vier und sechsen fahren /
Dan auff die Hochzeit ziehn / dan zu Gevattern stehn /
Für allen seyn geehrt / für allen angesehn /
Für allen außgeputzt. Wer dieses kan ertragen /
Der mag von hohem Glük und grosser Wollust sagen.

22. *Erich Kästner: Sogenannte Klassefrauen*

Sind sie nicht pfuiteuflisch anzuschauen?
Plötzlich färben sich die Klassefrauen,
weil es Mode ist, die Nägel rot!
Wenn es Mode wird, sie abzukauen
oder mit dem Hammer blauzuhauen,
tun sie's auch. Und freuen sich halbtot.

Wenn es Mode wird, die Brust zu färben
oder falls man die nicht hat, den Bauch ...
Wenn es Mode wird, als Kind zu sterben
oder sich die Hände gelbzugerben,
bis sie Handschuhn ähneln, tun sie's auch.

Wenn es Mode wird, sich schwarzzuschmieren ...
Wenn verrückte Gänse in Paris
sich die Haut wie Chinakrepp plissieren ...
Wenn es Mode wird, auf allen vieren
durch die Stadt zu kriechen, machen sie's.

60. Spießglanz, aus einem Metallsulfid zusammengesetztes Erz.

Wenn es gälte, Volapük[61] zu lernen
und die Nasenlöcher zuzunähn
und die Schädeldecke zu entfernen
und das Bein zu heben an Laternen –
morgen könnten wir's bei ihnen sehn.

Denn sie fliegen wie mit Engelsflügeln
immer auf den ersten besten Mist.
Selbst das Schienbein würden sie sich bügeln!
Und sie sind auf keine Art zu zügeln,
wenn sie hören, daß was Mode ist.

Wenn's doch Mode würde, zu verblöden!
Denn in dieser Hinsicht sind sie groß.
Wenn's doch Mode würde, diesen Kröten
jede Öffnung einzeln zuzulöten!
Denn dann wären wir sie endlich los.

23. Carola Mohn: Sternschnuppen

Meist macht Mode mich recht munter,
aber jetzt tobt wilder Groll
mir im Leib hinauf, hinunter,
denn da heißt es: Hosen runter –
und ich hab die Schränke voll!

Wie die Schöpfer mich behandeln,
das ist reine Despotie!
Um mich richtig zu verschandeln,
läßt man mich im Nachthemd[62] wandeln,
das mir schlabbert bis zum Knie.

61. eine künstliche Welthilfssprache, 1880 erstmals veröffentlicht.
62. Die Frühjahrsmode 1975 brachte lose geschnittene, weite, wadenlange Kleider.

Was die Herrn damit bezwecken,
weiß ich wirklich nicht genau:
ist's ein Gag von Modegecken,
so uns in den Sack zu stecken –
grade jetzt im Jahr der Frau?

D. Personen

24. Heinrich Heine: August Wilhelm Schlegel[63] *(gekürzt)*

Noch heute fühle ich den heiligen Schauer, der durch meine Seele zog, wenn ich vor seinem Katheder stand und ihn sprechen hörte. Ich trug damals einen weißen Flauschrock, eine rote Mütze, lange blonde Haare und keine Handschuhe. Herr A. W. Schlegel trug aber Glacéhandschuh und war noch ganz nach der neuesten Pariser Mode gekleidet; er war noch ganz parfümiert von guter Gesellschaft und eau de mille fleurs[64]; er war die Zierlichkeit und die Eleganz selbst, und wenn er vom Großkanzler von England sprach, setzte er hinzu »mein Freund«, und neben ihm stand sein Bedienter in der freiherrlichst Schlegelschen Hauslivree und putzte die Wachslichter, die auf silbernen Armleuchtern brannten und nebst einem Glase Zuckerwasser vor dem Wundermanne auf dem Katheder standen. Livreebedienter! Wachslichter! silberne Armleuchter! mein Freund, der Großkanzler von England! Glacéhandschuh! Zuckerwasser! welche unerhörte Dinge im Kollegium eines deutschen Professors! Dieser Glanz blendete uns junge Leute nicht wenig, und mich besonders, und ich machte auf Herren Schlegel damals drei Oden, wovon jede anfing mit

63. 1767–1845, Kritiker, Literaturhistoriker, Dichter, Übersetzer; einer der Hauptvertreter der romantischen Kunstlehre.
64. frz., Duftwasser (wörtl.: Tausendblütenwasser).

den Worten: O du, der du, usw. Aber nur in der Poesie hätte ich es gewagt, einen so vornehmen Mann zu duzen. Sein Äußeres gab ihm wirklich eine gewisse Vornehmheit. Auf seinem dünnen Köpfchen glänzten nur noch wenige silberne Härchen, und sein Leib war so dünn, so abgezehrt, so durchsichtig, daß er ganz Geist zu sein schien, daß er fast aussah wie ein Sinnbild des Spiritualismus. [...]
Herrn A. W. Schlegel verlor man seitdem ganz außer Augen. Er war verschollen. Mißmut über solches Vergessenwerden trieb ihn endlich, nach langjähriger Abwesenheit, wieder einmal nach Berlin, der ehemaligen Hauptstadt seines literärischen Glanzes, und er hielt dort wieder einige Vorlesungen über Ästhetik. Aber er hatte unterdessen nichts Neues gelernt, und er sprach jetzt zu einem Publikum, welches von Hegel eine Philosophie der Kunst, eine Wissenschaft der Ästhetik, erhalten hatte. Man spottete und zuckte die Achsel. Es ging ihm wie einer alten Komödiantin, die nach zwanzigjähriger Abwesenheit den Schauplatz ihres ehemaligen Succes[65] wieder betritt und nicht begreift, warum die Leute lachen, statt zu applaudieren. Der Mann hatte sich entsetzlich verändert, und er ergötzte Berlin vier Wochen lang durch die Etalage[66] seiner Lächerlichkeiten. Er war ein alter, eitler Geck geworden, der sich überall zum Narren halten ließ. Man erzählt darüber die unglaublichsten Dinge.
Hier in Paris hatte ich die Betrübnis, Herrn A. W. Schlegel persönlich wiederzusehen. Wahrlich, von dieser Veränderung hatte ich doch keine Vorstellung, bis ich mich mit eigenen Augen davon überzeugte. Es war vor einem Jahre, kurz nach meiner Ankunft in der Hauptstadt. Ich ging eben das Haus zu sehen, worin Molière gewohnt hat; denn ich ehre große Dichter und suche überall mit religiöser Andacht die Spuren ihres irdischen Wandels. Das ist ein Kultus. Auf meinem Wege, unfern von jenem geheiligten Hause, erblickte ich ein Wesen, in dessen verwebten Zügen sich

65. Erfolg.
66. Zurschaustellung.

eine Ähnlichkeit mit dem ehemaligen A. W. Schlegel kundgab. Ich glaubte seinen Geist zu sehen. Aber es war nur sein Leib. Der Geist ist tot, und der Leib spukt noch auf der Erde, und er ist unterdessen ziemlich fett geworden; an den dünnen spiritualistischen Beinen hatte sich wieder Fleisch angesetzt; es war sogar ein Bauch zu sehen, und oben drüber hingen eine Menge Ordensbänder. Das sonst so feine, greise Köpfchen trug eine goldgelbe Perücke. Er war gekleidet nach der neuesten Mode jenes Jahrs, in welchem Frau v. Staël[67] gestorben. Dabei lächelte er so veraltet süß, wie eine bejahrte Dame, die ein Stück Zucker im Munde hat, und bewegte sich so jugendlich wie ein kokettes Kind. Es war wirklich eine sonderbare Verjüngung mit ihm vorgegangen; er hatte gleichsam eine spaßhafte zweite Auflage seiner Jugend erlebt; er schien ganz wieder in die Blüte gekommen zu sein, und die Röte seiner Wangen habe ich sogar in Verdacht, daß sie keine Schminke war, sondern eine gesunde Ironie der Natur.

25. Heinrich Laube: Der Turnvater Jahn[68] (gekürzt)

Es war um die neunte Stunde, als Jahn zu uns ins Zimmer trat. Das Städtchen Freiburg war sein Exil, und er gab sich die redlichste Mühe, allda seine klassische Rolle zu spielen. Vom Grafen Brühl in Berlin hatte er sich das Kostüm dazu erbeten. Man mußte den ganzen Tacitus mit Aufmerksamkeit gelesen haben, um zu wissen, wer da zur Tür herein trat. Es war ein Mann von mäßiger Größe, aber von unmäßiger Breite, eine vortreffliche Kanonierfigur, eine ganze

67. 1766–1817, frz. Schriftstellerin. Ab 1804 begleitete A. W. Schlegel sie auf ihren Reisen. Zwischen ihrem Tod und der geschilderten Begegnung liegen mindestens 14 Jahre.
68. Friedrich Ludwig Jahn (1778–1852) eröffnete 1811, um durch die Turnkunst zur inneren Erneuerung Preußens beizutragen, einen Turnplatz. 1813 beteiligte er sich in Lützows Freikorps an den Befreiungskriegen. Mitwirkung bei der Gründung der Burschenschaft.

Kanone samt Lafette[69] und Pulverkasten hatte auf seinen Schultern und Hüften Raum. Und das war sein Stolz; ich weiß, daß er wohlgefällig lacht, wenn er das liest; eigentliche Kultur war gar nicht in ihm, er interessierte sich nur für die Masse, die Materie, das Gewicht, er bestrebte sich, ein Urbewohner, ein Autochthone zu sein und die Vorteile der Kultur vergessen zu machen.

Ich bin immer für das Turnen gewesen, es ist eine notwendige, ja eine blühende Grammatik des Körpers, aber die Turner waren zumeist künstliche Pferdeknechte, raffinierte Barbaren, die sich alle ersinnliche Mühe gaben, jede Kulturregung zu vergessen.

Ludwig Jahn trug eine doppelte Stirn, deren zweiter Teil sich leer und dumm rückwärts hinaufstreckte bis in den Teutoburger Wald. Er sah überhaupt nur rückwärts, obwohl er klare Turneraugen hatte. Jene Stirn und ein schöner herabwallender Bart, der aschgrau auf sein blaues Hemd fiel, bildeten eigentlich sein Gesicht, was dazwischen lag, war unbedeutend. Unter dem schlotternden, blauen Oberhemd sah man eine behaarte Brust und ahnte ein Paar kurze, unbedeutende Beine, um welche teutsche weite Leinwandhosen flatterten. Auch hatte er, wie das männiglich[70] weiß, ein großes Maul und große Füße, und so ausgerüstet, und mehr merkwürdig als interessant aussehend, ließ er sich auf einem harten Gestell nieder, was wir in seiner Gegenwart nicht Sofa zu nennen wagten. Denn die alten Teutschen lagen auf Bärenhäuten und nicht auf Sofas. Auf Tischen, an der Erde, auf den Sofalehnen saßen wir um ihn herum, und er fing an vorzutragen und trug vor zwölf volle Stunden bis abends um neun.

Hätte ich nicht ein böses Gewissen gehabt wegen der rosenroten Minna aus Merseburg, mir wäre die Zeit sehr lang geworden. Daß er zu jedem von uns Du sagte, verstand sich von selbst, und das hat mir bei der ganzen teutschen Wirtschaft immer am besten gefallen. [...]

69. Fahrgestell des Geschützes.
70. jedermann.

26. *Kurt Tucholsky: Joebbels*[71]

Wat wärst du ohne deine Möbelpacker!
Die stehn, bezahlt un treu, so um dir rum.
Dahinter du: een arma Lauseknacker,
een Baritong fort Jachtenpublikum.
Die Weiber – hach – die bibbern dir entjejen
un möchten sich am liebsten uffn Boden lejen!
Du machst un tust und jippst da an ...
Josef, du bist'n kleener Mann.

Mit dein Klumpfuß – seh mal, bein andern
da sacht ick nischt; det kann ja jeda ham.
Du wißt als Recke[72] durch de Jejend wandern
un paßt in keen Schützenjrahm?
In Sportpalast sowie in deine Presse,
da haste eine mächtich jroße Fresse.
Riskierst du wat? – De Schnauze vornean.
Josef, du bist'n kleener Mann.

Du bist mit irgendwat zu kurz gekomm.
Nu rächste dir, nu lechste los.
Dir hamm se woll zu früh aus Nest jenomm!
Du bist keen Heros, det markierste bloß.
Du hast'n Buckel, Mensch – du bist nich richtich!
Du bist bloß laut – sonst biste jahnich wichtig!
Keen Schütze – een Porzellanzerschmeißer,
keen Führer biste – bloß'n Reißer,
Josef,
du bist een jroßer Mann –!

71. Joseph Goebbels (1897–1945) war ab 1926 Gauleiter von Berlin, ab 1928 Reichstagsabgeordneter und Reichspropagandaleiter der NSDAP, ab März 1933 Reichsminister für Volksaufklärung und Propaganda.
72. german. Held, großer Kämpfer.

E. Wirtschaft

27. Loriot: Der Familienbenutzer

Meine Damen und Herren, gewiß, Heiligabend ist erst morgen, aber es kann immerhin nicht schaden, sich schon heute einmal ein paar Gedanken darüber zu machen, womit wir unseren Lieben aus Familie und Freundeskreis eine Freude machen könnten. In diesem Zusammenhang freuen wir uns, daß wir heute nachmittag Frau Direktor Bartels im Studio begrüßen konnten. Sie ist Alleinherstellerin eines neuartigen Geschenkartikels, der schon Ende dieser oder Anfang nächster Woche in allen einschlägigen Geschäften erhältlich sein dürfte. Chefreporter Kurt Rösner sprach mit ihr.

Rösner. Frau Direktor Bartels, Sie sind ...
Frau Bartels. Ich leite *das* führende Unternehmen der Geschenkartikelbranche und habe mir die Frage gestellt, weiß *überhaupt* jemand, was er seinen Lieben auf den Gabentisch legen soll? Niemand weiß das, gell?
Rösner. Hm ... hm ... und da haben Sie einen ...
Frau Bartels. Da habe ich *den* Bartelsschen-Familien-Original-Benutzer herausgebracht, gell? Für den Herrn, für die Dame, für das Kind, gell?
Rösner. Ah-ja ... famos, wirklich wunderhübsch, gnä Frau ... und was kann man, wie soll man ... ich meine, wozu ... äh ...
Frau Bartels. Bitte?
Rösner. Ich meine, wie benutzt man den ... äh ... Familienverwender?
Frau Bartels. Familien-Benutzer, Herr Rösner ... Familien-Original-Benutzer ... gell?
Rösner. Ah-ja ... Original-Familien-äh ...
Frau Bartels. Es ist ein Artikel, der schon durch seine gefällige Form anspricht, gell? Er ist formschön, wetterfest, geräuschlos, hautfreundlich, pflegeleicht, völlig zweckfrei

und – gegen Aufpreis – auch entnehmbar. Ein Geschenk, das Freude macht, für den Herren, für die Dame, für das Kind, gell?
Rösner. Soso... Er ist also im weitesten Sinne als Familien-Gebraucher...
Frau Bartels. Benutzer! ... Familien-Benutzer... das sagte ich Ihnen doch schon, gell?
Rösner. Ich wollte ja auch eben sagen, man benutzt den Familien-Verwender weniger als Gebrauchs...
Frau Bartels. Sie sollen den Familien-Benutzer als Benutzer gebrauchen ... mein Gott, drücke ich mich denn so undeutlich aus...
Rösner. Ich fragte ja auch nur, ob die Benutzung des Familien-Verw ... äh ... die Verwendung des Familien-Benutzers nur für den Familiengebrauch oder ...
Frau Bartels. Was?
Rösner *(schweigt irritiert – dann ganz ruhig).* Ob Sie den Familien-Original-Benutzer nur als Familien-Benutzer benutzen, oder ob beispielsweise auch im Freundeskreis ein Gebrauch des Benutzers ...
Frau Bartels. Herr Rösner, ich befinde mich in einer Anstalt des öffentlichen Rechts und lasse mich nicht in dieser Weise von Ihnen provozieren, gell? ... Um es noch einmal in aller Deutlichkeit zu wiederholen: Jeder halbwegs gebildete Mensch kann den Familien-Original-Verwutzer bewenden, aber nicht als Bewender verwutzen, gell?
Rösner. Ah, ja ... vielen Dank, Frau Direktor Bartels.
Frau Bartels. Bitte ... bitte ...

28. Christa Reinig: Für eine Fußgängerin

VW-Aktien gekäuft und angehäuft
drum läuft sie jetzt und läuft und läuft und läuft

29. Heinrich Böll: Der Wegwerfer (gekürzt)

Seit einigen Wochen versuche ich, nicht mit Leuten in Kontakt zu kommen, die mich nach meinem Beruf fragen könnten; wenn ich die Tätigkeit, die ich ausübe, wirklich benennen müßte, wäre ich gezwungen, eine Vokabel auszusprechen, die den Zeitgenossen erschrecken würde. So ziehe ich den abstrakten Weg vor, meine Bekenntnisse zu Papier zu bringen.

Vor einigen Wochen noch wäre ich jederzeit zu einem mündlichen Bekenntnis bereit gewesen; ich drängte mich fast dazu, nannte mich Erfinder, Privatgelehrter, im Notfall Student, im Pathos der beginnenden Trunkenheit: verkanntes Genie. Ich sonnte mich in dem fröhlichen Ruhm, den ein zerschlissener Kragen ausstrahlen kann, nahm mit prahlerischer Selbstverständlichkeit den zögernd gewährten Kredit mißtrauischer Händler in Anspruch, die Margarine, Kaffee-Ersatz und schlechten Tabak in meinen Manteltaschen verschwinden sahen; ich badete mich im Air der Ungepflegtheit und trank zum Frühstück, trank mittags und abends den Honigseim der Bohème[73]: das tiefe Glücksgefühl, mit der Gesellschaft nicht konform zu sein.

Doch seit einigen Wochen besteige ich jeden Morgen gegen 7.30 Uhr die Straßenbahn an der Ecke Roonstraße, halte bescheiden wie alle anderen dem Schaffner meine Wochenkarte hin, bin mit einem grauen Zweireiher, einem grünen Hemd, grünlich getönter Krawatte bekleidet, habe mein Frühstücksbrot in einer flachen Aluminiumdose, die Morgenzeitung, zu einer leichten Keule zusammengerollt, in der Hand. Ich biete den Anblick eines Bürgers, dem es gelungen ist, der Nachdenklichkeit zu entrinnen. Nach der dritten Haltestelle stehe ich auf, um meinen Sitzplatz einer der älteren Arbeiterinnen anzubieten, die an der Behelfsheimsiedlung zusteigen. Wenn ich meinen Sitzplatz sozialem Mitgefühl geopfert habe, lese ich stehend weiter in der Zei-

73. unbürgerliches Künstlermilieu.

tung, erhebe hin und wieder schlichtend meine Stimme, wenn der morgendliche Ärger die Zeitgenossen ungerecht macht; ich korrigiere die gröbsten politischen und geschichtlichen Irrtümer (etwa indem ich die Mitfahrenden darüber aufkläre, daß zwischen SA und USA ein gewisser Unterschied bestehe); sobald jemand eine Zigarette in den Mund steckt, halte ich ihm diskret mein Feuerzeug unter die Nase und entzünde ihm mit der winzigen, doch zuverlässigen Flamme die Morgenzigarette. So vollende ich das Bild eines gepflegten Mitbürgers, der noch jung genug ist, daß man die Bezeichnung »wohlerzogen« auf ihn anwenden kann.

Offenbar ist es mir gelungen, mit Erfolg jene Maske aufzusetzen, die Fragen nach meiner Tätigkeit ausschließt. Ich gelte wohl als ein gebildeter Herr, der Handel mit Dingen treibt, die wohlverpackt und wohlriechend sind: Kaffee, Tee, Gewürze, oder mit kostbaren kleinen Gegenständen, die dem Auge angenehm sind: Juwelen, Uhren; der seinen Beruf in einem angenehm altmodischen Kontor ausübt, wo dunkle Ölgemälde handeltreibender Vorfahren an der Wand hängen; der gegen zehn mit seiner Gattin telefoniert, seiner scheinbar leidenschaftslosen Stimme eine Färbung von Zärtlichkeit zu geben vermag, aus der Liebe und Sorge herauszuhören sind. Da ich auch an den üblichen Scherzen teilnehme, mein Lachen nicht verweigere, wenn der städtische Verwaltungsbeamte jeden Morgen an der Schlieffen[74]straße in die Bahn brüllt: »Macht mir den linken Flügel stark!« (war es nicht eigentlich der rechte?), da ich weder mit meinem Kommentar zu den Tagesereignissen noch zu den Totoergebnissen zurückhalte, gelte ich wohl als jemand, der, wie die Qualität des Anzugstoffes beweist, zwar wohlhabend ist, dessen Lebensgefühl aber tief in den Grundsätzen der Demokratie wurzelt. Das Air der Rechtschaffenheit umgibt mich wie der gläserne Sarg Schneewittchen umgab.

74. Alfred Graf von Schlieffen (1833–1913), von 1891 bis 1905 Chef des preuß. Generalstabs. Der »Schlieffenplan« sah vor, in einem Krieg gegen Frankreich mit dem verstärkten Nordflügel durch das neutrale Belgien zu marschieren und das frz. Heer zu umfassen.

Wenn ein überholender Lastwagen dem Fenster der Straßenbahn für einen Augenblick Hintergrund gibt, kontrolliere ich den Ausdruck meines Gesichts: ist es nicht doch zu nachdenklich, fast schmerzlich? Beflissen korrigiere ich den Rest von Grübelei weg und versuche, meinem Gesicht den Ausdruck zu geben, den es haben soll: weder zurückhaltend noch vertraulich, weder oberflächlich noch tief.
Mir scheint, meine Tarnung ist gelungen, denn wenn ich am Marienplatz aussteige, mich im Gewirr der Altstadt verliere, wo es angenehm altmodische Kontore, Notariatsbüros und diskrete Kanzleien genug gibt, ahnt niemand, daß ich durch einen Hintereingang das Gebäude der »Ubia« betrete, die sich rühmen kann, dreihundertfünfzig Menschen Brot zu geben und das Leben von vierhunderttausend versichert zu haben. Der Pförtner empfängt mich am Lieferanteneingang, lächelt mir zu, ich schreite an ihm vorüber, steige in den Keller hinunter und nehme meine Tätigkeit auf, die beendet sein muß, wenn die Angestellten um 8.30 Uhr in die Büroräume strömen. Die Tätigkeit, die ich im Keller dieser honorigen Firma morgens zwischen 8.00 und 8.30 Uhr ausübe, dient ausschließlich der Vernichtung. Ich werfe weg.
Jahre habe ich damit verbracht, meinen Beruf zu erfinden, ihn kalkulatorisch plausibel zu machen; ich habe Abhandlungen geschrieben; graphische Darstellungen bedeckten – und bedecken noch – die Wände meiner Wohnung. Ich bin Abszissen entlang, Ordinaten hinaufgeklettert, jahrelang. Ich schwelgte in Theorien und genoß den eisigen Rausch, den Formeln auslösen können. Doch seitdem ich meinen Beruf praktiziere, meine Theorien verwirklicht sehe, erfüllt mich jene Trauer, wie sie einen General erfüllen mag, der aus den Höhen der Strategie in die Niederungen der Taktik hinabsteigen mußte.
Ich betrete meinen Arbeitsraum, wechsele meinen Rock mit einem grauen Arbeitskittel und gehe unverzüglich an die Arbeit. Ich öffne die Säcke, die der Pförtner in den frühen Morgenstunden von der Hauptpost geholt hat, entleere sie

in die beiden Holztröge, die, nach meinen Entwürfen angefertigt, rechts und links oberhalb meines Arbeitstisches an der Wand hängen. So brauche ich nur, fast wie ein Schwimmer, meine Hände auszustrecken und beginne, eilig die Post zu sortieren. Ich trenne zunächst die Drucksachen von den Briefen, eine reine Routinearbeit, da der Blick auf die Frankierung genügt. Die Kenntnis des Posttarifs erspart mir bei dieser Arbeit differenzierte Überlegungen. Geübt durch jahrelange Experimente, habe ich diese Arbeit innerhalb einer halben Stunde getan, es ist halb neun geworden: ich höre über meinem Kopf die Schritte der Angestellten, die in die Büroräume strömen. Ich klingele dem Pförtner, der die aussortierten Briefe an die einzelnen Abteilungen bringt. Immer wieder stimmt es mich traurig, den Pförtner in einem Blechkorb von der Größe eines Schulranzens wegtragen zu sehen, was vom Inhalt dreier Postsäcke übrigblieb. Ich könnte triumphieren; denn dies: die Rechtfertigung meiner Wegwerftheorie, ist jahrelang der Gegenstand meiner privaten Studien gewesen; doch merkwürdigerweise triumphiere ich nicht. Recht behalten zu haben, ist durchaus nicht immer ein Grund, glücklich zu sein.
Wenn der Pförtner gegangen ist, bleibt noch die Arbeit, den großen Berg von Drucksachen daraufhin zu untersuchen, ob sich nicht doch ein verkappter, falsch frankierter Brief, eine als Drucksache geschickte Rechnung darunter befindet. Fast immer ist diese Arbeit überflüssig, denn die Korrektheit im Postverkehr ist geradezu überwältigend. Hier muß ich gestehen, daß meine Berechnungen nicht stimmten: ich hatte die Zahl der Portobetrüger überschätzt.
Selten einmal ist eine Postkarte, ein Brief, eine als Drucksache geschickte Rechnung meiner Aufmerksamkeit entgangen; gegen halb zehn klingele ich dem Pförtner, der die restlichen Objekte meines aufmerksamen Forschens an die Abteilungen bringt.
Nun ist der Zeitpunkt gekommen, wo ich einer Stärkung bedarf. Die Frau des Pförtners bringt mir meinen Kaffee,

ich nehme mein Brot aus der flachen Aluminiumdose, frühstücke und plaudere mit der Frau des Pförtners über ihre Kinder. Ist Alfred inzwischen im Rechnen etwas besser geworden? Hat Gertrud die Lücken im Rechtschreiben ausfüllen können? Alfred hat sich im Rechnen nicht gebessert, während Gertrud die Lücken im Rechtschreiben ausfüllen konnte. Sind die Tomaten ordentlich reif geworden, die Kaninchen fett, und ist das Experiment mit den Melonen geglückt? Die Tomaten sind nicht ordentlich reif geworden, die Kaninchen aber fett, während das Experiment mit den Melonen noch unentschieden steht. Ernste Probleme, ob man Kartoffeln einkellern soll oder nicht, erzieherische Fragen, ob man seine Kinder aufklären oder sich von ihnen aufklären lassen soll, unterziehen wir leidenschaftlicher Betrachtung.

Gegen elf verläßt mich die Pförtnersfrau, meistens bittet sie mich, ihr einige Reiseprospekte zu überlassen; sie sammelt sie, und ich lächele über die Leidenschaft, denn ich habe den Reiseprospekten eine sentimentale Erinnerung bewahrt; als Kind sammelte auch ich Reiseprospekte, die ich aus meines Vaters Papierkorb fischte. Früh schon beunruhigte mich die Tatsache, daß mein Vater Briefschaften, die er gerade vom Postboten entgegengenommen hatte, ohne sie anzuschauen, in den Papierkorb warf. Dieser Vorgang verletzte den mir angeborenen Hang zur Ökonomie: da war etwas entworfen, aufgesetzt, gedruckt, war in einen Umschlag gesteckt, frankiert worden, hatte die geheimnisvollen Kanäle passiert, durch die die Post unsere Briefschaften tatsächlich an unsere Adresse gelangen läßt; es war mit dem Schweiß des Zeichners, des Schreibers, des Druckers, des frankierenden Lehrlings befrachtet; es hatte – auf verschiedenen Ebenen und in verschiedenen Tarifen – Geld gekostet; alles dies nur, auf daß es, ohne auch nur eines Blickes gewürdigt zu werden, in einem Papierkorb ende?

Ich machte mir als Elfjähriger schon zur Gewohnheit, das Weggeworfene, sobald mein Vater ins Amt gegangen war, aus dem Papierkorb zu nehmen, es zu betrachten, zu sortieren, es in einer Truhe, die mir als Spielzeugkiste diente, aufzubewahren. So war ich schon als Zwölfjähriger im Besitz einer stattlichen Sammlung von Rieslingsangeboten, besaß Kataloge für Kunsthonig und Kunstgeschichte, meine Sammlung an Reiseprospekten wuchs sich zu einer geographischen Enzyklopädie aus; Dalmatien war mir so vertraut wie die Fjorde Norwegens, Schottland mir so nahe wie Zakopane, die böhmischen Wälder beruhigten mich, wie die Wogen des Atlantik mich beunruhigten; Scharniere wurden mir angeboten, Eigenheime und Knöpfe, Parteien baten um meine Stimme, Stiftungen um mein Geld; Lotterien versprachen mir Reichtum, Sekten mir Armut. Ich überlasse es der Phantasie des Lesers, sich auszumalen, wie meine Sammlung aussah, als ich siebzehn Jahre alt war und in einem Anfall plötzlicher Lustlosigkeit meine Sammlung einem Altwarenhändler anbot, der mir sieben Mark und sechzig Pfennig dafür zahlte.

Der mittleren Reife inzwischen teilhaftig, trat ich in die Fußstapfen meines Vaters und setzte meinen Fuß auf die erste Stufe jener Leiter, die in den Verwaltungsdienst hinaufführt.

Für die sieben Mark und sechzig Pfennig kaufte ich mir einen Stoß Millimeterpapier, drei Buntstifte, und mein Versuch, in der Verwaltungslaufbahn Fuß zu fassen, wurde ein schmerzlicher Umweg, da ein glücklicher Wegwerfer in mir schlummerte, während ich einen unglücklichen Verwaltungslehrling abgab. Meine ganze Freizeit gehörte umständlichen Rechnereien. Stoppuhr, Bleistift, Rechenschieber, Millimeterpapier blieben die Requisiten meines Wahns; ich rechnete aus, wieviel Zeit es erforderte, eine Drucksache kleinen, mittleren, großen Umfangs, bebildert, unbebildert, zu öffnen, flüchtig zu betrachten, sich von ihrer Nutzlosigkeit zu überzeugen, sie dann in den Papierkorb zu werfen; ein Vorgang, der minimal fünf Sekunden Zeit beansprucht, maximal fünfundzwanzig; übt die Drucksache Reiz aus, in Text und Bildern, können Minuten, oft Viertelstunden angesetzt werden. Auch für die Herstellung der Drucksachen errechnete ich, indem ich mit Druckereien Scheinverhandlungen führte, die minimalen Herstellungskosten. Unermüdlich prüfte ich die Ergebnisse meiner Studien nach, verbesserte sie (erst nach zwei Jahren etwa fiel mir ein, daß auch die Zeit der Reinigungsfrauen, die Papierkörbe zu leeren haben, in meine Berechnungen einzubeziehen sei); ich wandte die Ergebnisse meiner Forschungen auf Betriebe an, in denen zehn, zwanzig, hundert oder mehr Angestellte beschäftigt sind, und kam zu Ergebnissen, die ein Wirtschaftsexperte ohne Zögern als alarmierend bezeichnet hätte.

Einem Drang zur Loyalität folgend, bot ich meine Erkenntnisse zuerst meiner Behörde an; doch, hatte ich auch mit Undank gerechnet, so erschreckte mich doch das Ausmaß des Undanks; ich wurde der Nachlässigkeit im Dienst bezichtigt, des Nihilismus verdächtigt, für geisteskrank erklärt und entlassen; ich gab, zum Kummer meiner guten Eltern, die verheißungsvolle Laufbahn preis, fing neue an, brach auch diese ab, verließ die Wärme des elterlichen Herds und aß – wie ich schon sagte – das Brot des verkannten Genies. Ich genoß die Demütigung des vergeblichen Hausierens mit meiner Erfindung, verbrachte vier Jahre im seligen Zustand der Asozialität, so konsequent, daß meine Lochkarte in der Zentralkartei, nachdem sie mit dem Merkmal für geisteskrank längst gelocht war, das Geheimzeichen für asozial eingestanzt bekam.

Angesichts solcher Umstände wird jeder begreifen, wie erschrocken ich war, als endlich jemandem – dem Direktor der »Ubia« – das Einleuchtende meiner Überlegungen einleuchtete; wie tief traf mich die Demütigung, eine grüngetönte Krawatte zu tragen, doch muß ich weiter in Verkleidung einhergehen, da ich vor Entdeckung zittere. Ängstlich versuche ich, meinem Gesicht, wenn ich den Schlieffen-Witz belache, den richtigen Ausdruck zu geben, denn keine Eitelkeit ist größer als die der Witzbolde, die morgens die Straßenbahn bevölkern. Manchmal auch fürchte ich, daß die Bahn voller Menschen ist, die am Vortag eine Arbeit geleistet haben, die ich am Morgen noch vernichten werde: Drucker, Setzer, Zeichner, Schriftsteller, die sich als Werbetexter betätigen, Graphiker, Einlegerinnen, Packerinnen, Lehrlinge der verschiedensten Branchen: von acht bis halb neun Uhr morgens vernichte ich doch rücksichtslos die Erzeugnisse ehrbarer Papierfabriken, würdiger Druckereien, graphischer Genies, die Texte begabter Schriftsteller; Lackpapier, Glanzpapier, Kupfertiefdruck, alles bündele ich ohne die geringste Sentimentalität, so, wie es aus dem Postsack kommt, für den Altpapierhändler zu handlichen Paketen zurecht. Ich vernichte innerhalb einer Stunde das Ergebnis von zweihundert Arbeitsstunden, erspare der »Ubia« weitere hundert Stunden, so daß ich insgesamt (hier muß ich in meinen eigenen Jargon verfallen) ein Konzentrat von 1 : 300 erreiche. Wenn die Pförtnersfrau mit der leeren Kaffeekanne und den Reiseprospekten gegangen ist, mache ich Feierabend. Ich wasche meine Hände, wechsle meinen Kittel mit dem Rock, nehme die Morgenzeitung, verlasse durch den Hintereingang das Gebäude der »Ubia«. Ich schlendere durch die Stadt und denke darüber nach, wie ich der Taktik entfliehen und in die Strategie zurückkehren könnte. Was mich als Formel berauschte, enttäuscht mich, da es sich als so leicht ausführbar erweist. Umgesetzte Strategie kann von Handlangern getan werden. Wahrscheinlich werde ich Wegwerferschulen einrichten. Vielleicht auch werde ich versuchen, Wegwerfer in die Postämter zu setzen, möglicherweise in die Druckereien; man könnte gewaltige Energien, Werte und Intelligenzen nutzen, könnte Porto sparen, vielleicht gar so weit kommen, daß Prospekte zwar noch erdacht, gezeichnet, aufgesetzt, aber nicht mehr gedruckt werden. Alle diese Probleme bedürfen noch des gründlichen Studiums.

Doch die reine Postwegwerferei interessiert mich kaum noch; was daran noch gebessert werden kann, ergibt sich aus der Grundformel. Längst schon bin ich mit Berechnungen beschäftigt, die sich auf das Einwickelpapier und die Verpackung beziehen: hier ist noch Brachland, nichts ist bisher geschehen, hier gilt es noch, der Menschheit jene nutzlosen Mühen zu ersparen, unter denen sie stöhnt. Täglich werden Milliarden Wegwerfbewegungen gemacht, werden Energien verschwendet, die, könnte man sie nutzen, ausreichen würden, das Antlitz der Erde zu verändern. Wichtig wäre es, in Kaufhäusern zu Experimenten zugelassen zu werden; ob man auf die Verpackung verzichten oder gleich neben dem Packtisch einen geübten Wegwerfer postieren soll, der das eben Eingepackte wieder auspackt und das Einwickelpapier sofort für den Altpapierhändler zurechtbündelt? Probleme, die erwogen sein wollen. [...]

30. Wolfgang Ebert: Konsum-Terror

Als ich das Paket aufschnürte und die neue elektrische Kaffeemaschine zum Vorschein kam, sagte meine Frau:
»Das Zeug kannst du gleich wieder zurückbringen.«
»Wieso? Das Ding ist ziemlich teuer«, protestierte ich.
»Hast du mal daran gedacht, wieviel entfremdete Arbeit in dieser Kaffeemaschine steckt?«
»Ich dachte nur, daß man damit Kaffee schneller ...«
»Hast du mal Herstellungs- und Verkaufskosten verglichen?«
»Nein.«
»Oder überlegt, in wessen Tasche der Surplus bleibt?«
»Nein. An all das habe ich nicht gedacht.«
»Das sieht dir ähnlich. Hast du mal von wahren und falschen Bedürfnissen gehört?«
»Doch, allerdings nur etwas flüchtig.«
»Glaubst du wirklich, daß wir diese Kaffeemaschine brauchen?«
»Ja, davon bin ich fest überzeugt.«
»Du lügst. Ich habe dich beobachtet. Gestern beim Werbefernsehen. Wie sie da die Bonetto-Maschine gezeigt haben.

Und wie sie da bei dir ein Bedürfnis geweckt haben, das gar nicht vorhanden war.«
»Du willst mir was einreden.«
»Weißt du, was du bist?«
Ich blicke sie ängstlich an.
»Ein Konsument. Du läßt dich manipulieren. Du konsumierst. Kaffeemaschinen, Bücher, Theater, und mich natürlich auch.«
»Wir können ja in Zukunft Tee trinken«, sagte ich um des lieben Friedens willen.
»Weißt du, was die Teepflücker in den Urwäldern Südamerikas verdienen?«
»Glaubst du, daß sie mehr verdienen, wenn wir keinen Tee trinken?«
»Nein, aber das würde sie reif zur Revolution machen. Du hingegen willst nur den Klassenantagonismus verschleiern.«
»Na schön«, sagte ich, »wenn du es so siehst, dann trinken wir eben ab morgen Spinatsaft, der ist auch viel bekömmlicher.«
»Versteh doch«, sagte meine Frau, die immer noch an die Möglichkeit meiner Umerziehung zu glauben schien, »es geht doch um die Revolution und um die große Verweigerung, es geht darum, dem Spätkapitalismus den Todesstoß zu versetzen, damit wir endlich ein menschenwürdiges Dasein führen können.«
»Und damit wollen wir gleich anfangen«, sagte ich restlos überzeugt und holte eine Tube Zahnpasta aus dem Einholkorb und warf dieses widerliche Konsumzeug, unter dem wir bisher so gelitten hatten, auf die Straße, wo es einem repressiven Polizeibeamten, der gerade einen Verkehrssünder zur Rechenschaft zog, auf die Mütze fiel.

31. Landesverband Westberliner Übernehmer e. V. (LWÜ)

Berlin-Polkwitz
Karl-Marx-Straße 1967
Geschäftsf. Vorsitzender:
Dr. h. c. W. Talsohle[75]
Bankverbindung:
Bank für Senatswirtschaft
Kto.-Nr. 13 8 61

An den Bundesverband
der Deutschen Industrie
z. Hdn. seines
Vorsitzenden Fritz Berg[76]

BERLIN 15
Hotel Kempinski

Berlin, den 11. Dezember 1967

Liebe Unternehmer,

den Schütz drückt wieder mal der Schuh.[77] Und diesmal nicht, weil ihm der Teufel[78] einen Stein hineingeworfen hat, sondern weil die Berliner Wirtschaftssituation zum Steinerweichen ist.
Darum hat er Sie zu Hilfe geholt. Sie sollen hier was unternehmen, damit der Senat nichts unternehmen muß. Sie sollen die Wirtschaft sanieren, damit sich der Senat politisch gesundstoßen kann.
Darum legen Sie ab und zu was an – selbst wenn es nur ein Notopfer[79] ist. Seien Sie ein netter Kapitalist! Schützen Sie Schütz!

75. Während der Krise 1966/67 war viel von der »Talsohle« die Rede, in der die Wirtschaft sich befinde.
76. 1951–71 Präsident des Bundesverbands der dt. Industrie.
77. Klaus Schütz, 1967–77 Regierender Bürgermeister von Berlin; Anspielung auf die regelmäßige Berliner Rundfunksendung »Wo uns der Schuh drückt«.
78. Doppelsinn: Fritz Teufel, Mitglied des Sozialistischen Deutschen Studentenbunds (SDS) und Kommunarde in Berlin, war damals sehr bekannt.
79. Anspielung: 1949–58 wurde in der Bundesrepublik das »Notopfer Berlin« als Sondersteuer erhoben, bis 1956 als blaue 2-Pfennig-Steuermarke auf Postsendungen, dann mit der Einkommen- und Körperschaftssteuer.

Doch auch uns Revoluzzern müssen Sie helfen. Denn erst wenn die Berliner Wirtschaft als geheilt entlassen ist, ist sie auch für uns attraktiv. Schließlich muß der Sozialismus nicht immer den Mist übernehmen, den Kapitalisten und Senatoren hinterlassen haben. Danach kräht kein roter Hahn.
Sie sehen: Wir halten mit unseren Absichten nicht hinterm Berg – auch nicht vor Fritz Berg. Auf ihn hoffen wir am meisten. Unsere Wirtschaft zu retten, wäre ein wahres Berg-Werk (aber bloß keine Halden anlegen!).
Darum helfen Sie! Sie werden sich schon nicht übernehmen, wenn Sie hier etwas unternehmen. Zum Dank übernehmen wir dann Ihre Unternehmen. Ihr Motto sei auch das unsere: Geben und geben lassen!
Dem Schütz wird bestimmt auch ein Stein vom Herzen fallen, wenn Sie mitmachen. Den Stein haben Sie dann bei ihm im Brett. Und dieses Brett dürfen Sie dann ebenso wie Schütz stets stolz vorm Kopf tragen. Wir versprechen: Das werden wir Ihnen nie enteignen. Sie können es behalten – als Berliner Souvenir.

Ihre Übernehmer
(Unterschrift)

32. Friedrich Christian Delius: Komfort, Gesundheit und Rationalisierung am Arbeitsplatz (Ausschnitt)

Der Zusammenhang, in dem dieser Text inhaltlich sowie nach Darstellungsabsicht und -technik steht, kann aus Text T 11 entnommen werden.

Wie alle menschlichen Umstände können auch die Arbeitsbedingungen nicht für jedermann vollkommen sein.
Alle Jahre wieder, im Sommer, pflegt ein wachsender Teil unserer Arbeiter über die Hitze zu klagen und Klimaanlagen zu fordern. Wir können dazu nur sagen, daß wir uns

zu den Investitionen des Klimaanlagenkomforts in den Werkhallen so lange nicht entschließen können, wie die Mehrheit der Mitarbeiter die Hitze und die damit verbundene Lohnminderung zu ertragen bereit ist. So lange auch die Tausende, die in Flachbauten, auf Galerien, neben Öfen, bei Schweißbrennern, Lötlampen usw. eingesetzt sind, willig und fleißig weiterarbeiten.
Fast scheint es, als habe mit der Produktionssteigerung auch der Unfallteufel Hochkonjunktur. Denn allein 1970 mußten wir 7916 Betriebs- und Wegeunfälle registrieren. Während 1967 von 100 Beschäftigten erst 2,1 von Unfällen betroffen wurden, ist diese Zahl 1970 auf 2,6 gestiegen. Da man hier die Angestellten weitgehend ausklammern darf, kann fast jeder 25. Arbeiter mit einem Unfall pro Jahr rechnen. Weil uns diese Unfälle 998 000 Ausfallstunden kosten (1970), wir also weiteren Schaden von der Gesundheit des Unternehmens abwenden müssen, ergeht an unsere Mitarbeiter die ständige Mahnung zu Umsicht und Vorsicht mit dem Bemerken, daß sie sich viel Ungemach selbst zuzuschreiben haben. Natürlich sind wir uns bewußt, daß diese Tugenden bei der Akkordarbeit nicht immer leicht zu pflegen sind – aber solche Mahnungen stellen immer noch die wirtschaftlichsten Unfallverhütungsmaßnahmen dar. Außerdem sind unsere Sicherheitsingenieure bestrebt, die Unfallzahlen durch zahlreiche vorbeugende Maßnahmen zu dämmen. Wo aber die wachsende Produktion die Arbeitsplätze einengt und gefährlicher macht, wo die Konzentrationsfähigkeit bei dem erforderlichen Arbeitstempo nicht mehr mithalten kann, sind gewisse Opfer – jährlich etwa 7 bis 8000 Brandwunden, Quetschungen, Prellungen, Beine, Füße, Arme, Hände, Daumen oder gar Todesfälle, weiterhin die nicht exakt zu erfassenden Herz-, Kreislauf-, Bandscheiben-, Nerven- und Magenschäden – als Tribut an unseren Fortschritt offenbar nicht zu vermeiden.
Immerhin sind in unseren Werken 79 Betriebsärzte tätig, davon mehr als die Hälfte hauptberuflich. Sie und die Sanitäter haben die Aufgabe, die Arbeitnehmer bei gesund-

heitlichen Beschwerden so schnell wie möglich wieder arbeitsfähig zu machen – im allgemeinen durch kostenlose Ausgabe schmerzstillender und aktivierender Tabletten. Bei kleinen und mittleren Unfällen werden die Arbeiter mit einer Karte zum Betriebsarzt geschickt, auf der ein Vermerk »leichte Arbeit vorhanden« steht. So wird die Diagnose und Therapie des Arztes dahingehend beeinflußt, daß er, wenn irgend vertretbar, nicht mehr Arbeiter krankschreibt, als es nach den jeweils vorhandenen Auftragsbeständen sinnvoll erscheint.

Die Hauptaufgabe der Ärzte besteht darin, die Siemens-Tauglichkeit neuer Mitarbeiter genauestens festzustellen und die labilen Bewerber gleich auszusondern sowie den Gesundheitsstand der übrigen Mitarbeiter umfassend zu überwachen. Trotzdem will es ihnen nicht gelingen, die Epidemie des »Krankfeierns« einzudämmen. Jahr für Jahr gehen uns mehr und mehr Arbeitsstunden verloren, besonders seit Einführung des Lohnfortzahlungsgesetzes auch für Arbeiter – 1970 im Inland allein 16,6 Millionen Arbeitsstunden. Wir können die Augen nicht davor verschließen, daß besonders der jüngere und weniger firmenloyale Teil der Arbeiterschaft fast jede Gelegenheit nutzt, der Arbeit fernzubleiben. Einer unserer Direktoren hat diese Problematik so zusammengefaßt: »Die nehmen noch für bare Münze, was der Arzt sagt. Wenn der Arzt sagt, gehen Sie acht Tage ins Bett, dann legen sie sich acht Tage ins Bett. Wenn Ihnen«, so erklärte er Journalisten, »oder mir der Arzt sagt, legen Sie sich acht Tage ins Bett, dann stehen wir am nächsten Morgen wieder auf.«

Wir müssen also Mittel finden, der sinkenden Arbeitsmoral zu begegnen. Wenn die Krankheitstage ein gewisses Maß überschreiten, ziehen wir dem Betreffenden für jeden Fehltag 0,5 % seiner Erfolgsbeteiligung ab. Noch in der Probezeit stehende Mitarbeiter werden bei Krankheit meist sofort entlassen. In Krisensituationen müssen die gesundheitlich Labilsten zuerst mit der Entlassung rechnen. Mag der eine oder andere in dieser Situation lieber am Arbeitsplatz seine

Krankheiten auskurieren, die später etwas heftiger auftreten, mag sich die Krankheit dadurch womöglich sogar verschlimmern, was dem Mitarbeiter allerdings zur vorzeitigen Pensionierung oder dem Haus zur totalen Rentenersparnis verhelfen kann – wir sehen uns nicht in der Lage, hier grundsätzlich anders vorzugehen.
Gerade die für Arbeitnehmer bedauerliche Kurzarbeit enthält einige positive sozialpolitische Aspekte. Kurzarbeit ist, offen gesagt, fast immer die Folge einer mißglückten Marktprognose, die bei der Unübersichtlichkeit unserer Marktwirtschaft aber nicht immer zu vermeiden ist. Nachdem wir z. B. noch 1970 die Kapazitäten für Halbleiter und Bauelemente gewaltig erweitert hatten, stellten wir ab Anfang 1971 plötzlich die beträchtliche Überproduktion auf diesem Sektor fest und mußten mit der Anmeldung der Kurzarbeit für mittlerweile mehr als 10 000 Arbeiter das Krisensignal geben. Wir konnten also den Betroffenen 10 bis 20 % weniger Lohn zahlen und dabei, so widersinnig das scheint, durch Erhöhung der Arbeitsintensivität zuweilen nicht viel weniger produzieren lassen als vorher.

F. Tagespolitik

33. Friedrich Schiller: Kabale und Liebe, 2. Akt, 2. Szene (gekürzt)

Lady Milford ist die Mätresse des Herzogs, steht ihm aber jetzt bei seinen Heiratsplänen im Wege. Deshalb soll sie – zumindest dem Anschein nach – durch die Hochzeit mit dem Major Ferdinand von Walter, dem Sohn des Präsidenten, der Umgebung des Herzogs entzogen werden.

Ein alter Kammerdiener des Fürsten, der ein Schmuckkästchen trägt. Die Vorigen.

Kammerdiener. Seine Durchlaucht der Herzog empfehlen sich Mylady zu Gnaden und schicken Ihnen diese Brillanten zur Hochzeit. Sie kommen soeben erst aus Venedig.

Lady *(hat das Kästchen geöffnet und fährt erschrocken zurück).* Mensch! was bezahlt dein Herzog für diese Steine?

Kammerdiener *(mit finsterm Gesicht).* Sie kosten ihn keinen Heller.

Lady. Was? Bist du rasend? *Nichts?* – und *(indem sie einen Schritt von ihm wegtritt)* du wirfst mir ja einen Blick zu, als wenn du mich durchbohren wolltest – *Nichts* kosten ihn diese unermeßlich kostbaren Steine?

Kammerdiener. Gestern sind siebentausend Landskinder nach Amerika fort – Die zahlen alles.[80]

Lady *(setzt den Schmuck plötzlich nieder und geht rasch durch den Saal, nach einer Pause zum Kammerdiener).* Mann, was ist dir? Ich glaube, du weinst?

Kammerdiener *(wischt sich die Augen, mit schrecklicher Stimme, alle Glieder zitternd).* Edelsteine wie *diese* da – Ich hab auch ein paar Söhne drunter.

Lady *(wendet sich bebend weg, seine Hand fassend).* Doch keine Gezwungenen?

Kammerdiener *(lacht fürchterlich).* O Gott – Nein – lauter Freiwillige. Es traten wohl so etliche vorlaute Bursch' vor die Front heraus und fragten den Obersten, wie teuer der Fürst das Joch Menschen verkaufe? – aber unser gnädigster Landesherr ließ alle Regimenter auf dem Paradeplatz aufmarschieren und die Maulaffen niederschießen. Wir hörten die Büchsen knallen, sahen ihr Gehirn auf das Pflaster spritzen, und die ganze Armee schrie: *Juchhe nach Amerika!* –

80. Während des amerikan. Unabhängigkeitskrieges (1775–83) »vermieteten« bzw. verkauften manche dt. Fürsten, u. a. die von Hessen und von Württemberg, Soldaten an die Engländer für den Einsatz gegen die amerikan. Kolonisten.

Lady *(fällt mit Entsetzen in den Sofa).* Gott! Gott! – Und ich hörte nichts? Und ich merkte nichts?

Kammerdiener. Ja, gnädige Frau – warum mußtet Ihr denn mit unserm Herrn gerad auf die Bärenhatz reiten, als man den Lärmen zum Aufbruch schlug? – Die Herrlichkeit hättet Ihr doch nicht versäumen sollen, wie uns die gellenden Trommeln verkündigten, es ist Zeit, und heulende Waisen dort einen lebendigen Vater verfolgten, und hier eine wütende Mutter lief, ihr saugendes Kind an Bajonetten zu spießen, und wie man Bräutigam und Braut mit Säbelhieben auseinanderriß und wir Graubärte verzweiflungsvoll dastanden und den Burschen auch zuletzt die Krücken noch nachwarfen in die Neue Welt – Oh, und mitunter das polternde Wirbelschlagen, damit der Allwissende uns nicht sollte beten hören –

Lady *(steht auf, heftig bewegt).* Weg mit diesen Steinen – sie blitzen Höllenflammen in mein Herz. *(Sanfter zum Kammerdiener.)* Mäßige dich, armer alter Mann. Sie werden wiederkommen. Sie werden ihr Vaterland wiedersehen.

Kammerdiener *(warm und voll).* Das weiß der Himmel! Das werden sie! – Noch am Stadttor drehten sie sich um und schrieen: »Gott mit euch, Weib und Kinder – Es leb' unser Landesvater – am Jüngsten Gericht sind wir wieder da!« –

Lady *(mit starkem Schritt auf und nieder gehend).* Abscheulich! Fürchterlich! – *Mich* beredete man, ich habe sie alle getrocknet, die Tränen des Landes – Schrecklich, schrecklich gehen mir die Augen auf – Geh du – Sag deinem Herrn – Ich werd ihm persönlich danken! *(Kammerdiener will gehen, sie wirft ihm ihre Goldbörse in den Hut.)* Und das nimm, weil du mir Wahrheit sagtest –

Kammerdiener *(wirft sie verächtlich auf den Tisch zurück).* Legt's zu dem übrigen. *(Er geht ab.)* [. . .]

34. Erich Kästner: Ganz rechts zu singen

Stoßt auf mit hellem hohen Klang!
Nun kommt das Dritte Reich!
Ein Prosit unserm Stimmenfang!
Das war der erste Streich!

Der Wind schlug um. Nun pfeift ein Wind
von griechisch-nordischer Prägung.
Bei Wotans Donner, jetzt beginnt
die Dummheit als Volksbewegung.

Wir haben das Herz auf dem rechten Fleck,
weil sie uns sonst nichts ließen.
Die Köpfe haben ja doch keinen Zweck.
Damit kann der Deutsche nicht schießen.

Kein schönrer Tod ist auf der Welt
als gleich millionenweise.
Die Industrie gibt uns neues Geld
und Waffen zum Selbstkostenpreise.

Wir brauchen kein Brot und nur Eins ist not:
Die nationale Ehre!
Wir brauchen mal wieder den Heldentod
und schwere Maschinengewehre.

Und deshalb müssen die Juden raus!
Sie müssen hinaus in die Ferne.
Wir wollen nicht sterben fürs Ullsteinhaus[81],
aber für Kirdorf[82] sehr gerne.

Die Deutsche Welle, die wächst heran
als wie ein Eichenbaum.

81. Die jüd. Verleger-Familie Ullstein wurde 1933 enteignet.

82. Emil Kirdorf (1847–1938), Großindustrieller, war führend beteiligt am Rheinisch-Westfälischen Kohlen-Syndikat. Die Schwerindustrie unterstützte Hitler.

Und Hitler ist der richtige Mann.
Der schlägt auf der Welle den Schaum.

Der Reichstag ist ein Schweinestall,
wo sich kein Schwein auskennt.
Es braust ein Ruf wie Donnerhall:
Kreuzhimmelparlament!

Wir brauchen eine Diktatur
viel eher als einen Staat.
Die deutschen Männer kapieren nur,
wenn überhaupt, nach Diktat.

Ihr Mannen, wie man es auch dreht,
wir brauchen zunächst einen Putsch!
Und falls Deutschland daran zugrunde geht,
juvivallera, juvivallera,
dann ist es eben futsch.

35. hs.: Deutsche Einheits-Wahlrede

Wir haben die Deutsche Einheits-Kurzschrift. Wir haben das Deutsche Einheits-Papierformat. Wir haben das Deutsche Einheits-Frisch-Ei. Wir sind auf dem besten Wege zum Deutschen Einheits-Brot. Wir stehen mitten in der gigantischen Deutschen Einheits-Pleite. Überall wird erfreulicherweise dem Zuge der Zeit Rechnung getragen, der gebieterisch Rationalisierung, Typisierung, Normung verlangt. Nur ein Bezirk des Lebens macht eine Ausnahme: die Politik. Gerade in diesen Tagen kommt uns das besonders schmerzlich zum Bewußtsein, wenn wir erleben, wie Hunderte und Tausende von Reichstagskandidaten nach den Anweisungen von ein paar Dutzend Parteileitungen bemüht sind, in Tausenden von Wahlversammlungen die Ziele ihrer Parteien mit großem rhetorischen Aufwand zu verschleiern und die anderen Parteien durch den Kakao zu ziehen.

Welch ein Leerlauf! Welch unnützer, vom volkswirtschaftlichen Standpunkt aus gesehen tief beklagenswerter Energieverlust!
Um diesem auf die Dauer unhaltbaren Zustand abzuhelfen, hat man vor einigen Wochen in aller Stille das »Refüwa« = Reichsamt für Wahlreden-Normung ins Leben gerufen, und diese Behörde hat mit anerkennenswerter Beschleunigung eine Einheits-Wahlrede geschaffen, die in diesen Tagen sämtlichen Parteien übermittelt und von allen, von der äußersten Rechten bis zur äußersten Linken, sozusagen als Deutsches Frisch-Ei des Kolumbus begrüßt und sofort akzeptiert wurde.
Diese Deutsche Einheits-Wahlrede hat folgenden Wortlaut (Nichtgewünschtes bitte durchzustreichen!):

Verehrte Anwesende! Bürger! Staatsbürger!
Kameraden! Genossen!
Die Regierung Brüning[83] hat
a) in frecher Anmaßung und unter offenkundigem Verfassungsbruch,
b) zur Rettung des aufs äußerste gefährdeten Vaterlandes
den vorigen Reichstag aufgelöst, der in den zwei Jahren seines Bestehens
a) sehr ersprießliche Arbeit geleistet,
b) den Parlamentarismus vollständig heruntergewirtschaftet
hat. Die Neuwahlen fallen in die Zeit einer noch nie dagewesenen Wirtschaftskrise, die hervorgerufen wurde durch die ins Unerträgliche gestiegenen
a) Machtansprüche des Kapitalismus,
b) Soziallasten, Löhne und Sozialisierungsmaßnahmen,
c) Forderungen erbarmungsloser Feindstaaten,
d) Bedrückungen durch Juden und Freimaurer
und die nur beseitigt werden kann von
a) der Diktatur des Proletariats,
b) der freien Wirtschaft auf allen Gebieten,

83. März 1930 bis Mai 1932. Versuchte durch Notverordnungen die schwere Wirtschaftskrise zu bekämpfen.

c) einer entschlossenen Außenpolitik,
d) der Verwirklichung des dritten Reichs.

Was uns innenpolitisch nottut, ist eine Reichsreform, die die wohlerworbenen Rechte der Einzelstaaten in vollem Umfang
a) wahrt,
b) aufhebt
und sämtliche Einzelstaaten
a) gleichberechtigt nebeneinander leben,
b) im zentralisierten Einheitsstaat aufgehen läßt. Die Steuerlasten müssen von
a) allen Volksgenossen nach Maßgabe ihrer Leistungsfähigkeit,
b) den starken Schultern der Großverdiener,
c) den jüdischen Banken und Kaufhauskonzernen
getragen werden; die Zölle haben sich den Bedürfnissen der
a) Konsumenten,
b) Produzenten
anzupassen. Das oberste Gesetz der Außenpolitik lautet selbstverständlich:
a) Achtung vor den unterzeichneten Verträgen,
b) Zerreißung der uns knechtenden Schandverträge.
Deutschland denkt
a) nicht,
b) nur
an Revanche und die Anwendung kriegerischer Mittel; es wünscht nichts sehnlicher, als
a) das goldene Zeitalter des Weltfriedens,
b) den Tag der Vergeltung für angetane Schmach zu erleben.

Daraus ergibt sich auch unsere Stellung zur Wehrpolitik. Schon die Jugend muß im Geiste der
a) Völkerversöhnung,
b) nationalen Wehrhaftigkeit
erzogen werden. Das jetzige Berufsheer ist
a) aufzulösen,

b) beizubehalten,
c) durch ein aus allgemeiner Wehrpflicht entstandenes Volksheer zu ersetzen,
weil es
a) eine Gefahr für den Staat,
b) den sichersten Schutz des Staates,
c) nur einen unzulänglichen Schutz
darstellt. Daß das Deutsche Reich nur als
a) Republik,
b) Monarchie,
c) Räterepublik
eine Zukunft haben wird, dürfte sich von selbst verstehen.
Unsere Partei, gestärkt und gefestigt und in ihrer Schlagkraft bedeutend erhöht durch
a) das Ausscheiden unzuverlässiger Elemente,
b) den Zustrom neuer, wenn auch noch nicht ganz fest mit uns verbundener Kräfte,
sieht dem Wahlergebnis mit
a) Ruhe,
b) allergrößter Siegeszuversicht
entgegen.

36. Wugg Retzer: Das Rotkäppchen

Es war einmal vor vielen, vielen Jahren in Deutschland ein Wald, den der Arbeitsdienst[84] noch nicht gerodet hatte, und in diesem Wald lebte ein Wolf. An einem schönen Sonntag nun, es war gerade Erntedankfest, da ging ein kleines BDM[85]-Mädel durch den Wald. Es hatte ein rotes Käppchen auf und wollte seine arische Großmutter besuchen,

84. Zum Reichsarbeitsdienst wurden ab 1935 männliche und weibliche Jugendliche zwischen dem vollendeten 18. und 25. Lebensjahr eingezogen. Die Dienstpflicht betrug ein halbes Jahr.
85. Bund Deutscher Mädel.

die in einem Mütterheim der NSV[86] untergebracht war. In der Hand trug es ein Körbchen mit einer Pfundspende[87] und einer Flasche Patenwein[88].
Da begegnete ihm der böse Wolf. Er hatte ein ganz braunes Fell, damit niemand gleich von Anbeginn seine rassefremden Absichten merken sollte. Rotkäppchen dachte auch nichts Böses, weil es ja wußte, daß alle Volksschädlinge im Konzentrationslager säßen, und glaubte, einen ganz gewöhnlichen bürgerlichen Hund vor sich zu haben.
»Heil, Rotkäppchen!« sagte der Wolf. »Wo gehst Du denn hin?« Rotkäppchen antwortete: »Ich gehe zu meiner Oma ins Mütterheim.« »So«, sagte der Wolf. »Aber dann bring ihr doch ein paar Blumen mit, mit denen das Amt für Schönheit der Holzarbeit den Wald geschmückt hat!« Sogleich machte sich Rotkäppchen daran, ein Erntesträußchen zu pflücken. Der Wolf aber eilte zum Mütterheim, fraß die Großmutter auf, schlüpfte in ihre Kleider, steckte sich das Frauenschaftsabzeichen[89] an und legte sich ins Bett.
Da kam auch Rotkäppchen schon zur Tür herein und fragte: »Nun, liebe Oma, wie geht es Dir?« Der Wolf versuchte, die volksnahe Stimme der Oma nachzumachen und antwortete: »Gut, mein liebes Kind!« Rotkäppchen fragte: »Warum sprichst Du heute so andersartig zu mir?« Der Wolf antwortete: »Die Rednerausbildung am Vormittag hat mich zu sehr beansprucht.« – »Aber Oma, was hast Du für große Ohren?« – »Damit ich das Geflüster der Meckerer besser hören kann!« – »Was hast Du denn für große Augen?« – »Damit ich die Wühlmäuschen besser sehen kann!« – »Was hast Du denn für einen großen Mund?« – »Du weißt doch, daß ich in der Kulturgemeinde[90] bin!«

86. Nationalsozialistische Volkswohlfahrt.
87. Entbehrliche Lebensmittel sollten – auch pfundweise – abgeliefert werden zur Verteilung an Bedürftige.
88. wie Anm. 87 Bezeichnung für eine bestimmte (Natural-)Spende zugunsten Notleidender.
89. Abzeichen der NS-Frauenschaft, einer Unterorganisation der NSDAP.
90. Zusammenkunft aller NS-Organisationen zu Feierstunden.

Und mit diesen Worten fraß er das arme Rotkäppchen, legte sich ins Bett, schlief in seiner verantwortungslosen Art sofort ein und schnarchte.
Da ging draußen der Kreisjägermeister vorbei. Er hörte ihn und dachte: »Wie kann eine arische Großmutter so rassefremd schnarchen?« Und als er nachsah, da fand er den Wolf; und er schoß ihn, obwohl er keinen Jagdschein für Wölfe hatte, auf eigene Verantwortung hin tot. Dann schlitzte er ihm den Bauch auf und fand Großmutter und Kind noch lebend! War das eine Freude! Der Wolf wurde dem Reichsnährstand[91] zugewiesen und zu Fleisch im eigenen Saft verarbeitet. Der Kreisjägermeister durfte an der Uniform einen goldgestickten Wolf tragen. Rotkäppchen wurde zur Unterführerin im BDM befördert und die Großmutter durfte auf einem funkelnagelneuen KDF[92]-Dampfer eine Erholungsreise nach Madeira machen.

37. Bertolt Brecht: Notwendigkeit der Propaganda

1

Es ist möglich, daß in unserem Land nicht alles so geht, wie es gehen sollte.
Aber niemand kann bezweifeln, daß die Propaganda gut ist.
Selbst Hungernde müssen zugeben
Daß der Minister für Ernährung gut redet.

2

Als das Regime an einem einzigen Tage
Tausend Menschen erschlagen ließ, ohne
Untersuchung noch Gerichtsurteil[93]

91. Gesamtkörperschaft der dt. Landwirtschaft, die zwangsweise alle Landwirtschaftsverbände und -kammern umfaßte.
92. »Kraft durch Freude« – NS-Organisation für Freizeit und Urlaub.
93. am Tag nach dem Reichstagsbrand am 28. Februar 1933. Auch an

Pries der Propagandaminister die unendliche Geduld des Führers
Der mit der Schlächterei so lange gewartet
Und die Schurken mit Gütern und Ehrenstellen überhäuft hatte
In einer so meisterlichen Rede, daß
An diesem Tage nicht nur die Verwandten der Opfer
Sondern auch die Schlächter selber weinten.

3

Und als an einem andern Tage das größte Luftschiff des Reiches
In Flammen aufging, weil man es mit entzündbarem Gas gefüllt hatte[94]
Um das nicht entzündbare für Kriegszwecke zu sparen
Versprach der Luftfahrtminister vor den Särgen der Umgekommenen
Daß er sich nicht werde entmutigen lassen, worauf
Sich lauter Beifall erhob. Selbst aus den Särgen
Soll Händeklatschen gekommen sein.

4

Und wie meisterhaft ist die Propaganda
Für den Abfall und für das Buch des Führers!
Jedermann wird dazu gebracht, das Buch des Führers aufzulesen
Wo immer es herumliegt.
Um das Lumpensammeln zu propagieren, hat der gewaltige Göring
Sich als den größten Lumpensammler aller Zeiten erklärt und
Um die Lumpen unterzubringen, mitten in der Reichshauptstadt

die Gewaltakte vom 30. Juni bis 2. Juli 1934 nach dem sog. »Röhm-Putsch« ist zu denken.
94. Das Luftschiff LZ 129 »Hindenburg« verbrannte am 6. Mai 1937 bei Lakehurst/USA.

Einen Palast gebaut
Der selber so groß wie eine Stadt ist.[95]

5

Ein guter Propagandist
Macht aus einem Misthaufen einen Ausflugsort.
Wenn kein Fett da ist, beweist er
Daß eine schlanke Taille jeden Mann verschönt.
Tausende, die ihn von den Autostraßen reden hören
Freuen sich, als ob sie Autos hätten.
Auf die Gräber der Verhungerten und Gefallenen
Pflanzt er Lorbeerbüsche. Aber lange bevor es soweit war
Sprach er vom Frieden, wenn die Kanonen vorbeirollten.

6

Nur durch vortreffliche Propaganda gelang es
Millionen davon zu überzeugen
Daß der Aufbau der Wehrmacht ein Werk des Friedens
bedeutet
Jeder neue Tank eine Friedenstaube ist
Und jedes neue Regiment ein neuer Beweis
Der Friedensliebe.

7

Allerdings: vermögen gute Reden auch viel
So vermögen sie doch nicht alles. Manchen
Hat man schon sagen hören: schade
Daß das Wort Fleisch allein noch nicht sättigt, und schade
Daß das Wort Anzug so wenig warm hält.
Wenn der Planminister eine Lobrede auf das neue Edel-
gespinst hält
Darf es nicht dabei regnen, sonst
Stehen seine Zuhörer im Hemd da.

95. Hermann Göring (1893–1946) war ab 1933 u. a. Reichsminister der Luftfahrt und ließ das Reichsluftfahrtministerium bauen. Als Beauftragter für den Vierjahresplan (ab 1936) propagierte er die Verwertung von Abfällen, u. a. mit der Aktion »Kampf dem Verderb«.

8

Und noch etwas macht ein wenig bedenklich
Über den Zweck der Propaganda: je mehr es in unserm
Land Propaganda gibt
Desto weniger gibt es sonst.

38. Hans Georg von Studnitz: Namenloser Unsinn (gekürzt)

Political Fiction! Bonn, den 1. April 2001. Gegen Bedenken der Opposition hat der Rechtsausschuß des Bundestages beschlossen, die Bestimmungen über das Kinderkriegen aus dem Eherecht herauszulösen und als eigenes Gesetz so schnell wie möglich zu verabschieden.
Brautleuten steht es künftig frei, darüber zu entscheiden, welcher Teil ein Kind austragen und zur Welt bringen soll. Der Grundsatz der Gleichberechtigung zwischen Mann und Frau soll sicherstellen, daß Männer und Frauen auf allen Lebensgebieten die gleichen Rechte und Pflichten haben. Es wird den Brautleuten aufgetragen, sich vor der Eheschließung über die Frage der Übernahme der Mutterschaft zu einigen. Erklärt sich der Mann hierzu bereit, so gehen die Kosten seiner physischen Umwandlung zu Lasten der Staatskasse.
Spaß beiseite! Die Voraussetzungen für einen solchen Rechtsakt hat der Rechtsausschuß des Bundestages im Zuge eines marxistischen Denkanstoßes soeben geschaffen. Ehepartnern soll es künftig selbst überlassen bleiben, welchen Namen sie wählen. Der jahrhundertealte Brauch, nach dem die Frau den Namen des Mannes annimmt, wird ab Mitte dieses Jahres der Vergangenheit angehören. Jeder kann sich künftig so nennen, wie er will. Nimmt Herr Müller eine Prinzessin von Hohenzollern zur Frau, so braucht diese nicht Frau Müller zu werden, sondern Herr Müller kann sich künftig Prinz von Hohenzollern-Müller nennen.

Der alte Marx würde sich im Grabe umdrehen. Die Denkanstöße, die auf eine gedankenlose Welt auszustrahlen sein Leichnam nicht müde wird, ermöglichen es nun, daß sich das deutsche Volk in ein Volk von Adligen verwandelt. Der Kapitalismus schaffte es nur, aus Arbeitern Bürger zu machen. Über den Sozialismus können sie nun auch Prinzen werden. Der Adoptionsschwindel wird legalisiert[96]! Niemand braucht mehr einen geldgierigen Grafen, um sich einen Titel zu verschaffen.
In den Genuß dieser »Reform«, die dem Fiskus nichts kostet, sollen nicht nur Brautleute, sondern auch längst Verheiratete kommen. Auch sie haben das Recht, den neuen Bestimmungen entsprechend ihren Namen ändern zu lassen. Ob Adoptiveltern auch den Namen ihrer Adoptivkinder annehmen können, steht noch aus. Warum eigentlich nicht?
Die einstmals so in Ehren gehaltene Familienforschung ist damit am Ende. [. . .]

39. Zehn kleine Negerlein (Wahlkampf 1972)

Melodie: Zehn kleine Negerlein

Zehn kleine Negerlein
regierten mal in Bonn,
der Dahrendorf[97] der FDP,
der macht sich gleich davon.

Neun kleine Negerlein,
die hatten noch viel Macht,
der Arndt[98], der ging dann nach Berlin,
da waren's nur noch acht.

96. amtlich beglaubigt.
97. 1969/70 Parlamentar. Staatssekretär im Außenministerium.
98. 1967–70 Parlamentar. Staatssekretär im Bundesministerium für Wirtschaft.

Acht kleine Negerlein,
die stritten um Moneten,
dem Möller[99] wurde das zuviel,
er wollt's nicht mehr vertreten.

Sieben kleine Negerlein,
die dachten Donnerklecks,
als Reischl[100] sprach: »Ihr könnt mich mal«,
da waren's nur noch sechs.

Sechs kleine Negerlein,
einer trug rote Strümpf',
hieß Rosenthal[101] – und wanderte,
da waren's nur noch fünf.

Fünf kleine Negerlein,
die sahn den Philipp[101] ziehn,
der Maassen[102] sprach: »Ich folge Dir«,
da waren's nur noch vier.

Vier kleine Negerlein,
die stritten noch um Steuern,
auch Haller[103] wurde das zu viel
und tat den Stuhl hinfeuern.

Drei kleine Negerlein,
hatten einen für die Wissenschaft,
sein Name war Klaus Leussink[104],
bald war auch der geschafft.

99. 1969–71 Bundesfinanzminister.
100. Parlamentar. Staatssekretär im Bundesministerium für Finanzen.
101. Philip Rosenthal, 1970/71 Parlamentar. Staatssekretär im Bundesministerium für Wirtschaft.
102. Staatssekretär im Bundesministerium für Justiz.
103. unter Karl Schiller Staatssekretär (für die Steuerreform) im Bundesministerium für Wirtschaft und Finanzen.
104. korrekt: Hans Leussink, 1969–72 Bundesminister für Bildung und Wissenschaft.

Zwei kleine Negerlein,
die wurden immer stiller,
auch Hildegard[105] verließ nun Bonn,
zurück blieb Karlchen Schiller[106].

Das kleine Negerlein
kämpft um Stabilität,
der Brandt[107] und Schmidt[108], die pfeifen drauf,
jetzt ist es bald zu spät.

40. *Wahlkampfflugblatt 1972 (gekürzt)*

Der Barzel[109] ist ein Hampelmann,
und der Strauß[110], der zieht daran!

Das riefen Zehntausende, die nach Bonn gekommen waren, um gegen Strauß und Barzel zu demonstrieren, als die beiden am 27. April dieses Jahres mit Hilfe übergelaufener Abgeordneter versuchten, die Regierung Brandt/Scheel zu stürzen.
Und recht merkwürdig war es damals anzusehen, wie einige Abgeordnete der SPD und F. D. P. – Müller, Hupka, Helms usw. – auf einmal ihr Gewissen schlagen hörten. Selbst Bundeskanzler Brandt drängte sich die Vermutung auf, daß bei einigen dieser Herren das Gewissen die Form eines Geldbeutels habe. Man konnte den Eindruck gewinnen, der Unterschied zwischen Bundestag und Bundesliga sei ledig-

105. Hildegard Hamm-Brücher, 1969–72 Staatssekretärin im Bundesministerium für Bildung und Wissenschaft.
106. ab 1966 Bundesminister für Wirtschaft, zusätzlich ab 1971 auch für Finanzen. Rücktritt Juli 1972.
107. 1969–74 Bundeskanzler.
108. 1972–74 Finanzminister (Juli–Dezember 1972 auch Wirtschaftsminister), 1974–82 Bundeskanzler.
109. bei der Bundestagswahl 1972 Kanzlerkandidat der CDU/CSU.
110. 1961–88 u. a. CSU-Vorsitzender.

lich, daß in der Bundesliga die Ablösesummen noch nicht freigegeben sind.

Nun, was Strauß und Barzel beim ersten Anlauf noch nicht schafften, das soll jetzt mit anderen Mitteln noch einmal versucht werden.

Das Kapital läßt die Puppen tanzen ... [...]

41. G. K.: Amtsfußpflege

Während die allgemeine Konjunktur-Heilkunde derzeit noch am Zinssenkfuß herumlaboriert, ist die staatliche Dienstleistungsorthopädie bereits bei der Amtsfußpflege angelangt. Das neue Landesreisekostengesetz für Baden-Württemberg will allen seinen Beamten, wenn sie eine Dienstreise zu Fuß machen, eine »Wegstreckenentschädigung« von 10 Pfennig pro Kilometer gewähren. Für die Benutzung eines eigenen, nicht gepumpten, Fahrrads gilt das gleiche. Die Kunde aus Stuttgart strahlt wie ein erstes Morgenrot in energiearmer Nacht. Was kann da an Öl gespart werden! Die dunkelhäutigen Scheichs werden erblassen. Krause[111] und Kluncker[112] aber können sich die Lippen lecken, wenn ihnen der Duft unverpufften Benzins tarifpolitisch anregend in die Nase steigt: Amtsfußgänger aller Dienstleistungsbereiche, vereinigt euch! Wir fordern zusätzlich für die Opfer der getarnten staatlichen Energiepolitik einen Brandsohlen- und Sockensockelbetrag von 20 DM für jedes erlaufene Loch!
Und die Amtsfußgänger selber? Die Schwaben sind ein wander-, sangeslustiges und humoriges Volk. Kein Mensch wird sich wundern, wenn er demnächst im Ländle Dienstleistungstouristen in Scharen antrifft, den Aktenrucksack

111. 1959–89 Vorsitzender des Beamtenbunds.
112. 1964–82 Vorsitzender der Gewerkschaft ÖTV.

gebuckelt und die aktuelle Variante eines alten Fahrtenliedes auf den Lippen: »Auf de schwäbsche Landessträßle, kriegst an jede Zeh e Bläsle; Stuegart, Ulm und Bieberach, schoißegal, i lauf mei Sach!«

42. Günter Eich: Episode

Ich wache auf und bin gleich im Notstand[113]. Die Gründe weiß ich nicht genau, verhafte aber vorsorglich meine Kinder, Verhaftungen müssen sein. Im Rundfunk stelle ich Tanzmusik ein, drehe die Antenne in Richtung Luxemburg. Mit den Handschellen klirrend patrouilliere ich durch die Etagen. Im Mezzanin[114] ist alles in Ordnung, im Keller auch, aber sonst? Kein Erkennen der Lage, kein Ernst, kein Verlaß, Bananenschalen auf den Treppen. So weit kommt es, wenn man die Zügel locker läßt.
Unter dem Dach herrscht volle Anarchie, jemand liest Karsunke[115], meine Hauswirtin schläft, mit achtzig Jahren sollte sie wissen, was man zu tun hat. Webern[116] liegt auf dem Plattenteller, so zersetzt ist alles und die Wände voll Schimmel. Durchgreifen. Ordnung ist das halbe Leben, die andere Hälfte auch. Mit feuchten Augen höre ich die ersten Nachrichten aus dem Hauptquartier.
Man beglückwünscht sich, es wird alles besser, das Strafgesetz schon umgearbeitet, man hatte es in den Schubladen.

113. Aus dem Staatsnotstand wird das Recht der obersten staatlichen Vollzugsorgane abgeleitet, zur Bekämpfung der Notlage auch ohne gesetzl. Ermächtigung oder entgegen der Rechtsordnung die notwendigen Maßnahmen zu treffen. – Nach langen Auseinandersetzungen mit den Gewerkschaften und außerparlamentarischer Opposition (APO) verabschiedete der Bundestag am 30. Mai 1968 die Notstandsverfassung und die einfachen Notstandsgesetze.
114. Zwischengeschoß, Halbgeschoß.
115. geb. 1934 in Berlin. Schriftsteller. 1968 Chef der Ostermarschkampagne in München, aktiv in der APO.
116. Anton von Webern (1883–1945), Komponist. Schüler Arnold Schönbergs. Während der NS-Zeit verfemt.

Im ersten Stock stellt man sich inzwischen um, beginnt realistisch zu denken. Ein Polizist aus Berlin, auf Urlaub, übernimmt das Standrecht und die Löscheimer. Viel Idealismus.
Um elf habe ich auch das Erdgeschoß auf Vordermann gebracht, mit etwas Nachhilfe, aber nicht viel. Um zwölf sortiere ich staatsfeindliches und jugendgefährdendes Schrifttum aus. Um eins versammle ich die Hausgemeinschaft zu einer Ansprache, die als Mittagessen eingelegt wird. Um zwei umstellt Gendarmerie das Haus und verhaftet uns alle.
So gemütlich ist es immer noch.

43. Wolf Brannasky: Kinderlied

Als Großmama noch sponn –
lange ist das her,
beschlossen die Weisen in Bonn,
so geht es weiter nicht mehr.

Das waren verträumte Zeiten:
Krieg nur in Vietnam,
und bis heute weiß es keiner,
woher das Wunder kam.

Es ging ganz weiß gekleidet,
gehüllt in ein dichtes Netz
lückenloser Paragraphen,
nannte sich: Notstandsgesetz[117].

Fortan ließ unsere Oma
das alberne Spinnen sein
und ging stattdessen sonntags
in den Sankt Luftschutzverein.

117. Vgl. Anm. 113.

Dort patschten sie alle fröhlich
auf kleine Feuerchen ein.
Großpapa übte Verstecken
hinter einem Pflasterstein.

Wenn wir Langeweile hatten –
manchmal plagte sie uns arg –
versteckten wir uns alle
im Fichtenfamiliensarg.

Dort ist es mittlerweile
so traut wie in Diogenes' Tonn,
so heimelig wie damals,
als Großmama noch sponn.

Das Märchen hat ein Ende.
Husch – den Deckel zu.
Daß es nur ein Märchen bleibt,
hoffen ich und du.

44. Hans Traxler: Unsere Zukunft
Eine Selbstschutzfibel

Sehen wir der Tatsache ins Auge: Ein großer Teil der Bevölkerung der Bundesrepublik ist noch nie aus der Luft angegriffen worden. Der deutsche Mensch unter 20 Jahren verbindet nichts Ernstliches mit den Begriffen »Feuerpatsche«, »Drahtfunk« und »Entwarnung«. Um diese Lücke aufzufüllen, hat der Deutsche Bundestag in seiner Sitzung am 30. Juni die nötigen Gesetze verabschiedet. Den dürren Wortlaut des Gesetzes der kindlichen Seele näherzubringen, hat PARDON, seiner staatsbürgerlichen Verantwortung bewußt, diese Selbstschutzfibel geschaffen. In vier leichtverständlichen Kapiteln wird der Abc-Schütze von heute auf die rauhe Welt der Abc-Waffen[118] von morgen eingestimmt. Merke: Jede Nachkriegsgeneration ist zugleich auch eine Vorkriegsgeneration.

In Bonn

Heute sind wir im Bundestag. Lotte, Peter und Fritz sitzen auf der Tribüne. Es ist furchtbar heiß. Peter schwitzt. Wie gut, daß es bald Ferien gibt. Die Abgeordneten müssen aber vorher noch viele Gesetze machen. Ein Selbstschutzgesetz, ein Schutzbaugesetz und ein Zivilschutzkorpsgesetz. Sie schwitzen auch und heben die Hände hoch. Abzählen, abzählen! Wer meldet sich zur Debatte? Ein Abgeordneter geht zum Podium. Er sagt: Im letzten Krieg sind durch die Feuerpatsche viele Menschenleben gerettet worden. Lotte meint: So kann es auch im nächsten Krieg sein. Peter weiß etwas: Vor genau dreißig Jahren wurde das letzte Luftschutzgesetz gemacht. 1935. Lotte lacht: Dreißig Jahre sind genug! Die Abgeordneten stehen auf und geben sich die Hand. Sie fahren an die See oder in die Berge. Wir fahren in den Harz. Gute Reise, gute Reise!

Wir kaufen für den Ernstfall ein

Peter liest das neue Selbstschutzgesetz vor: Jeder Bürger der Bundesrepublik muß eine Feuerpatsche haben, eine Gasmaske und einen Notvorrat. O weh, ruft Lotte, wer soll das bezahlen? Fritz weiß Rat. Er holt einen Hammer und macht Mamas Sparschwein kaputt. 80 Mark und 25 Pfennig kullern heraus. Wir laufen alle in die Stadt. Vor dem Laden steht eine lange Schlange, weil alle Leute Feuerpatschen und Gasmasken kaufen. Auf dem Heimweg treffen wir Herrn Staufeiß. Er grinst: Na, wann geht denn der dritte Weltkrieg endlich los? Lotte sagt nur: Sie irren sich, Herr Staufeiß, wir treffen bloß Vorsorge für den Notfall. Das hat Lotte im Bundestag gehört. Zu Hause bringen wir die Sachen in den Luftschutzkeller. Wir stellen alles auf und

118. atomare, biologische, chemische Waffen.

setzen uns auf die Stockbetten. Lotte setzt die Gasmaske auf. Fritz macht die feindlichen Terrorbomber nach. Er stellt sich vor die Gasschleuse und ruft: uii, tscheng, peng. Hu, ist das laut! Das war eine Kobaltbombe[119], ruft Fritz. Wir kuscheln uns unter die Decke und essen etwas Tubenleberwurst aus dem Notvorrat. Nach der Entwarnung gehen wir nach oben. Uns ist nichts geschehen. Danke, Selbstschutzgesetz!

Es geht los

Heute ist großer Übungsalarm. Wir haben schwarzes Krepp-Papier und Reißnägel gekauft. In der Speisekammer stehen ein Kanister mit Wasser sowie ein Notvorrat für acht Tage bereit. Onkel Karl tippt an die Stirn. Lotte sagt: Du wirst schon sehen! Im Ernstfall gebe ich dir nichts von meinem Notvorrat ab! Nun heulen alle Sirenen in der Stadt. ABC-Alarm! Die feindlichen Atombomber kommen! Wir rennen und rufen. Lotte und Peter holen das Krepp-Papier aus dem Schrank. In einer halben Stunde ist alles verdunkelt. Onkel Karl sagt: Jetzt wären wir längst ein Häufchen Asche. Lotte sagt: Wer so spricht, hilft dem Feind! Eben kommt Herr Liesegang, unser neuer Selbstschutzwart. Er geht mit seiner Gasmaske die Straße auf und ab. Er sieht nach, ob alle Häuser und Autos gut verdunkelt sind. Bei unserem Badezimmerfenster scheint das Licht durch eine Ritze. Herr Liesegang kommt die Treppen heraufgelaufen. Er läutet Sturm. Er schreit Mama an: He, Sie wollen wohl die feindlichen Flieger herbeilocken! O weh. Jetzt wird Papa angezeigt. Peter sagt: Strafe muß sein. Wer schlecht verdunkelt, hilft dem Feind! Das war unser erster Übungsalarm.

Wir rechnen

Aufgepaßt, Peter, Lotte und Fritz! Da fliegt ein feindlicher Atombomber. Er kommt aus dem Osten. Er fliegt sehr

119. Wasserstoffbombe mit einem Kobaltmantel.

schnell. Wenn er kommt, heulen die Sirenen. Sie heulen sehr laut: oouuii – oouuii – oouuii! Wenn die Sirenen aufhören, ist der Bomber schon da. Die Raketen fliegen noch schneller. Sie töten viele Menschen. Etwa 85 Prozent aller Einwohner der Bundesrepublik. Peter rechnet: 15 Prozent bleiben übrig. Lotte sagt: Es stimmt, jeder hat eine Chance. Wir schauen uns an. Wer wird es sein? Wir sind sechs Personen: Lotte, Peter, Fritz, Mama, Papa und Onkel Wilhelm. Nun rechnet Fritz aus: Einer von uns hat eine 9/10-Chance. Das ist zu wenig. Lotte weiß die Lösung: Wenn Tante Malchen zu uns zieht, bleibt einer übrig. Alle freuen sich. Wer wird der Glückspilz sein? Wir gehen in den Keller und verstärken die Decke.

G. Gesellschaftsordnung

45. Hans Jakob Christoph von Grimmelshausen: Der abenteuerliche Simplicissimus teutsch, 15.-18. Kapitel (Ausschnitte)

Der junge Simplicius lebt während des Dreißigjährigen Krieges eine Zeitlang im Wald bei einem Einsiedler. Nachdem dieser gestorben ist, will er dessen Lebensweise nachahmen, aber bald überfallen Soldaten seine Hütte. Als sie nichts Erbeutenswertes finden, lassen sie sich von ihm den Weg ins nächste Dorf zeigen. Dort stoßen sie auf Bauern, die eben einen Soldaten mit abgeschnittener Nase und abgeschnittenen Ohren lebendig eingegraben haben. Zuvor hatten sie seine fünf Gefährten erschossen. Die jetzt überzähligen Soldaten nehmen grausame Rache. Simplicius kehrt zu seiner Einsiedelei zurück und muß hungrig zu Bett gehen, da seine Vorräte geraubt sind.

Über das lagen mir die Sachen, so ich denselben Tag gehöret und gesehen, ohn Unterlaß im Sinn, ich dachte nicht soviel um Essenspeis und meiner Erhaltung nach, als derjenigen Antipathia, die sich zwischen Soldaten und Bauren enthält; doch konnte meine Alberkeit nichts ersinnen, als daß ich schlosse, es müßten ohnfehlbar zweierlei Menschen in der Welt sein, so nicht einerlei Geschlechts von Adam her, sondern wilde und zahme wären, wie andere unvernünftige Tier, weil sie einander so grausam verfolgen.

In solchen Gedanken entschlief ich vor Unmut und Kälte, mit einem hungerigen Magen; da dünkte mich, gleichwie in einem Traum, als wenn sich alle Bäum, die um meine Wohnung stunden, gähling veränderten, und ein ganz ander Ansehen gewönnen; auf jedem Gipfel saße ein Cavallier[120], und alle Äst wurden anstatt der Blätter mit allerhand Kerlen geziert; von solchen hatten etliche lange Spieß, andere Musketen, kurze Gewehr, Partisanen[121], Fähnlein, auch Trommeln und Pfeifen. Dies war lustig anzusehen, weil alles so ordentlich und fein gradweis sich auseinander teilete; die Wurzel aber war von ungültigen Leuten, als Handwerkern, Taglöhnern, mehrenteils Bauren und dergleichen, welche nichtsdestoweniger dem Baum seine Kraft verliehen und wieder von neuem mitteilten, wann er solche zuzeiten verlor; ja sie ersetzten den Mangel der abgefallenen Blätter aus den ihrigen, zu ihrem eigenen noch größeren Verderben; benebens seufzeten sie über diejenige, so auf dem Baum saßen, und zwar nicht unbillich, dann der ganze Last des Baums lag auf ihnen, und druckte sie dermaßen, daß ihnen alles Geld aus den Beuteln, ja hinder sieben Schlossen herfürgieng; wann es aber nicht herfür wollte, so striegelten sie die Commissarios[122] mit Besemen[123], die man militarische Exekution nennete, daß ihnen die Seufzer aus dem Herzen,

120. hier: Adliger.
121. *Partisane:* lange Stoßwaffe mit Holzschaft, zweischneidiger Klinge und Parierstange.
122. mit Sondervollmachten ausgestattete Beauftragte.
123. Besen, hier in der älteren Bedeutung: Zuchtrute.

die Tränen aus den Augen, das Blut aus den Nägeln, und das Mark aus den Beinen herausgienge; noch dannoch waren Leut unter ihnen, die man Fatzvögel nennete; diese bekümmerten sich wenig, nahmen alles auf die leichte Achsel, und hatten in ihrem Kreuz anstatt des Trosts allerhand Gespei[124].

Also mußten sich die Wurzeln dieser Bäume in lauter Mühseligkeit und Lamentieren, diejenige aber auf den untersten Ästen in viel größerer Müh, Arbeit und Ungemach gedulden und durchbringen; doch waren diese jeweils lustiger als jene, darneben aber auch trotzig, tyrannisch, mehrenteils gottlos, und der Wurzel jederzeit ein schwerer unerträglicher Last; um sie stunde dieser Reim:

Hunger und Durst, auch Hitz und Kält,
Arbeit und Armut, wie es fällt,
Gewalttat, Ungerechtigkeit
Treiben wir Landsknecht allezeit.

Diese Reimen waren um so viel desto weniger erlogen, weil sie mit ihren Werken übereinstimmten; denn fressen und saufen, Hunger und Durst leiden, huren und buben, raßlen und spielen, schlemmen und demmen, morden und wieder ermordet werden, totschlagen und wieder zu Tod geschlagen werden, tribuliern[125] und wieder getrillt werden, jagen und wieder gejaget werden, ängstigen und wieder geängstigt werden, rauben und wieder beraubt werden, plündern und wieder geplündert werden, sich förchten und wieder geförchtet werden, Jammer anstellen und wieder jämmerlich leiden, schlagen und wieder geschlagen werden; und in Summa nur verderben und beschädigen, und hingegen wieder verderbt und beschädigt werden, war ihr ganzes Tun und Wesen; woran sie sich weder Winter noch Sommer, weder Schnee noch Eis, weder Hitz noch Kält, weder Regen noch Wind, weder Berg noch Tal, weder Felder noch

124. Gespött (eigentlich das spöttische Ausspeien).
125. quälen.

Morast, weder Gräben, Päß, Meer, Mauren, Wasser, Feuer noch Wälle, weder Vatter noch Mutter, Brüder und Schwestern, weder Gefahr ihrer eigenen Leiber, Seelen und Gewissen, ja weder Verlust des Lebens noch des Himmels oder sonst einig anderer Ding, wie das Namen haben mag, verhindern ließen: Sondern sie weberten in ihren Werken immer emsig fort, bis sie endlich nach und nach in Schlachten, Belägerungen, Stürmen, Feldzügen, und in den Quartieren selbsten (so doch der Soldaten irdische Paradeis sind, sonderlich wenn sie fette Bauren antreffen), umkamen, starben, verdarben, und krepierten; bis auf etlich wenige, die in ihrem Alter, wann sie nicht wacker geschunden und gestohlen hatten, die allerbeste Bettler und Landstürzer[126] abgaben: Zu nächst über diesen mühseligen Leuten saßen so alte Hühnerfänger, die sich etlich Jahr mit höchster Gefahr auf den untersten Ästen beholfen, durchgebissen, und das Glück gehabt hatten, dem Tod bis dahin zu entlaufen; diese sahen ernstlich und etwas reputierlicher aus, als die unterste, weil sie um einen gradum[127] hinaufgestiegen waren; aber über ihnen befanden sich noch höhere, welche auch höhere Einbildungen hatten, weil sie die unterste zu kommandieren; diese nennte man Wammesklopfer, weil sie den Pikenierern[128] mit ihren Prügeln und Hellenpotzmarter den Rucken sowohl als den Kopf abzufegen, und den Musketierern Baumöl zu geben pflegten, ihr Gewehr damit zu schmieren. Über diesen hatte des Baumes Stamm einen Absatz oder Unterscheid, welches ein glattes Stück war, ohne Äst, mit wunderbarlichen Materialien und seltsamer Seifen des Mißgunsts geschmieret, also daß kein Kerl, er sei dann vom Adel, weder durch Mannheit, Geschicklichkeit noch Wissenschaft hinaufsteigen konnte, Gott geb wie er auch klettern könnte; dann es war glätter poliert als ein marmorsteinerne Säul oder stählerner Spiegel; über demselben Ort saßen die mit den Fähnlein, deren waren teils jung und

126. Landstreicher.

127. lat., Stufe, Sprosse, Rang, Grad.

128. einfache Landsknechte, mit der Pike, einem Langspieß, bewaffnet.

teils bei ziemlichen Jahren; die Junge hatten ihre Vettern hinaufgehoben, die Alte aber waren zum Teil von sich selbst hinaufgestiegen, entweder auf einer silbernen Leiter, die man Schmiralia nennet, oder sonst auf einem Steg, den ihnen das Glück aus Mangel anderer gelegt hatte. Besser oben saßen noch höhere, die auch ihre Mühe, Sorg und Anfechtung hatten, sie genossen aber diesen Vorteil, daß sie ihre Beutel mit demjenigen Speck am besten spicken können, welchen sie mit einem Messer, das sie Kontribution[129] nenneten, aus der Wurzel schnitten; am tunlichsten und geschicktesten fiele es ihnen, wann ein Commissarius daherkam und ein Wanne voll Geld über den Baum abschüttete, solchen zu erquicken, daß sie das Beste von oben herab auffiengen und den untersten soviel als nichts zukommen ließen; dahero pflegten von den untersten mehr Hungers zu sterben, als ihrer vom Feind umkamen, welcher Gefahr miteinander die höchste entübriget zu sein schienen. Dahero war ein unaufhörliches Gegrabbel und Aufkletterns an diesen Baum, weil jeder gerne an den obristen glückseligen Orten sitzen wollte; doch waren etliche faule liederliche Schlingel, die das Kommißbrot zu fressen nicht wert waren, welche sich wenig um ein Oberstell bemüheten, und ein Weg als den andern tun mußten, was ihr Schuldigkeit erfodert; die Unterste, was ehrgeizig war, hoffeten auf der Obern Fall, damit sie an ihren Ort sitzen möchten, und wann es unter zehentausenden einem geriete, daß er so weit gelangte, so geschahe solches erst in ihrem verdrüßlichen Alter, da sie besser hindern Ofen taugten Äpfel zu braten, als im Feld vorm Feind zu liegen; und wann schon einer wohl stunde, und seine Sach rechtschaffen verrichtete, so wurde er von andern geneidet, oder sonst durch einen ohnverschenlichen unglücklichen Dunst beides, der Scharge[130] und des Lebens beraubt; nirgends hielte es härter, als an obgemeldtem glatten Ort, dann welcher einen guten Feldwaibel oder Schergianten hatte, verlor ihn ungern, welches

129. Zwangsabgabe in besetzten Gebieten während eines Krieges.
130. Charge: militärischer Dienstgrad, Amt, Posten.

aber geschehen mußte, wenn man ein Fähnrich aus ihm gemacht hätte. Man nahm dahero, anstatt der alten Soldaten, viel lieber Plankschmeißer, Kammerdiener, erwachsene Page, arme Edelleut, irgends Vettern und sonst Schmarotzer und Hungerleider, die denen, so etwas meritiert, das Brot vorm Maul abschnitten, und Fähnrich wurden. [...]

Ich wendet mich wieder gegen den Bäumen, deren das ganze Land voll stunde, und sahe, wie sie sich bewegten, und zusammenstießen; da prasselten die Kerl haufenweis herunder, Knall und Fall war eins; augenblicklich frisch und tot, in einem Hui verlor einer ein Arm, der ander ein Bein, der dritte den Kopf gar. Als ich so zusahe, bedauchte mich, alle diejenige Bäum, die ich sahe, wären nur ein Baum, auf dessen Gipfel saße der Kriegsgott Mars und bedeckte mit des Baums Ästen ganz Europam; wie ich davorhielte, so hätte dieser Baum die ganze Welt überschatten können, weil er aber durch Neid und Haß, durch Argwohn und Mißgunst, durch Hoffart, Hochmut und Geiz, und andere dergleichen schöne Tugenden, gleichwie von scharfen Nordwinden angewehet würde, schiene er gar dünn und durchsichtig, dahero einer folgende Reimen an den Stamm geschrieben hat:

Die Steineich, durch den Wind getrieben und verletzet,
Ihr eigen Äst abbricht, sich ins Verderben setzet:
Durch innerliche Krieg, und brüderlichen Streit,
Wird alles umgekehrt, und folget lauter Leid.

Von dem gewaltigen Gerassel dieser schädlichen Wind, und Zerstümmlung des Baums selbsten, ward ich aus dem Schlaf erweckt, und sahe mich nur allein in meiner Hütten.

46. Gotthold Ephraim Lessing: Emilia Galotti, 1. Aufzug, 8. Auftritt

Der Prinz von Guastalla ist heftig in Emilia Galotti verliebt, die er nur flüchtig kennengelernt hat. Eines Morgens bringt ihm ein Maler zusammen mit einer Auftragsarbeit unaufgefordert ihr Porträt. Kurz darauf kommt sein Vertrauter mit der Nachricht, Emilia werde noch am selben Tag mit dem Grafen Appiani vermählt und werde mit ihm außer Landes gehen. Der Prinz möchte das gern verhindert wissen, und während sein Vertrauter einen Plan ausdenkt, will er versuchen, das Mädchen beim Morgengottesdienst in der Kirche zu sehen. Camillo Rota kommt ihm in diesem Augenblick höchst ungelegen.

Camillo Rota, Schriften in der Hand. Der Prinz.

Der Prinz. Kommen Sie, Rota, kommen Sie. – Hier ist, was ich diesen Morgen erbrochen[131]. Nicht viel Tröstliches! – Sie werden von selbst sehen, was darauf zu verfügen. – Nehmen Sie nur.

Camillo Rota. Gut, gnädiger Herr.

Der Prinz. Noch ist hier eine Bittschrift einer Emilia Galot ... Bruneschi will ich sagen. – Ich habe meine Bewilligung zwar schon beigeschrieben. Aber doch – die Sache ist keine Kleinigkeit. – Lassen Sie die Ausfertigung noch anstehen. – Oder auch nicht anstehen: wie Sie wollen.

Camillo Rota. Nicht wie ich will, gnädiger Herr.

Der Prinz. Was ist sonst? Etwas zu unterschreiben.

Camillo Rota. Ein Todesurteil wäre zu unterschreiben.

Der Prinz. Recht gern. – Nur her! geschwind!

Camillo Rota *(stutzig und den Prinzen starr ansehend)*. Ein Todesurteil – sagt' ich.

Der Prinz. Ich höre ja wohl. – Es könnte schon geschehen sein. Ich bin eilig.

131. geöffnet.

Camillo Rota *(seine Schriften nachsehend).* Nun hab ich es doch wohl nicht mitgenommen! – – Verzeihen Sie, gnädiger Herr. – Es kann Anstand[132] damit haben bis morgen.
Der Prinz. Auch das! – Packen Sie nur zusammen: ich muß fort – Morgen, Rota, ein Mehres! *(Geht ab.)*
Camillo Rota *(den Kopf schüttelnd, indem er die Papiere zu sich nimmt und abgeht).* Recht gern? – Ein Todesurteil recht gern? – Ich hätt' es ihn in diesem Augenblicke nicht mögen unterschreiben lassen, und wenn es den Mörder meines einzigen Sohnes betroffen hätte. – Recht gern! recht gern! – Es geht mir durch die Seele, dieses gräßliche Recht gern!

47. Friedrich Karl von Moser: Wir haben gegessen

Am Geburtstag eines jungen Adlers gab König Adler seiner Familie ein großes Mahl und lud alles Heer des Himmels zu diesem Freudenfest ein. Ehrerbietig warteten Tausende von Vögeln bei seiner Tafel auf, bewunderten den Reichtum der Speisen und noch mehr die heroischen Verdauungskräfte ihres Königs.
»Wir«, sprach endlich der gesättigte Adler zu dem zuschauenden Volk, »wir haben gegessen.« – »Wir aber nicht«, zwitscherte ein von Heißhunger geplagter Sperber.
»Ihr seid«, erwiderte der erhabene Monarch, »mein Staat, ich esse für euch alle.«

132. Aufschub.

48. Johann Heinrich Pestalozzi: Die Linde und der König

Als ein König einsam unter seiner Linde an ihren Gipfel emporstaunte, sagte er zu sich selbst: »Wenn meine Untertanen auch an mir hingen wie deine Blätter an dir!«
Die Linde antwortete ihm: »Ich treibe den Saft meines Stammes mit weit mehr Gewalt in meine Blätter, als ich denselben auch von ihnen in mich selbst zurücksauge.«

49. Bonaventura: Die Nachtwachen des Bonaventura, 6. Nachtwache (Ausschnitt)

Der Erzähler Kreuzgang, der von sich sagt: »Eins ist nur möglich; entweder stehen die Menschen verkehrt oder ich«, ist nach einem wirren Leben als Schuhmacher, Poet, Schauspieler und Irrenhausinsasse Nachtwächter geworden. Während seines Dienstes erlaubt er sich allerlei »Nachtbelustigungen«, zu denen auch dieser falsche »Jüngsten-Tages-Lärm« gehört.

Ich bin leider in den Jugendjahren und gleichsam im Keime schon verdorben, denn wie andere gelehrte Knaben und vielversprechende Jünglinge es sich angelegen sein lassen, immer gescheuter und vernünftiger zu werden, habe ich im Gegenteile stets eine besondere Vorliebe für die Tollheit gehabt, und es zu einer absoluten Verworrenheit in mir zu bringen gesucht, eben um, wie unser Herrgott, erst ein gutes und vollständiges Chaos zu vollenden, aus welchem sich nachher gelegentlich, wenn es mir einfiele, eine leidliche Welt zusammenordnen ließe. – Ja, es kommt mir zuzeiten in überspannten Augenblicken wohl gar vor, als ob das Menschengeschlecht das Chaos selbst verpfuscht habe, und mit dem Ordnen zu voreilig gewesen sei, weshalb denn auch nichts an seinen gehörigen Platz zu stehen kommen könne, und der Schöpfer baldmöglichst dazu tun müsse, die

Welt wie ein verunglücktes System auszustreichen und zu vernichten. –
Ach, diese fixe Idee ist mir übel genug bekommen, und hätte mich selbst beinahe einmal um mein Nachtwächteramt gebracht, indem es mir in der letzten Stunde des Säkulums[133] einfiel mit dem Jüngsten Tage vorzuspuken und statt der Zeit die Ewigkeit auszurufen, worüber viele geistliche und weltliche Herren erschrocken aus ihren Federn fuhren und ganz in Verlegenheit kamen, weil sie so unerwartet nicht darauf vorbereitet waren.
Drollig genug machte sich die Szene bei diesem falschen Jüngsten-Tages-Lärm, wobei ich den einzigen ruhigen Zuschauer abgab, indes alle anderen mir als leidenschaftliche Akteurs[134] dienen mußten. – O man hätte sehen sollen was das für ein Getreibe und Gedränge wurde unter den armen Menschenkindern und wie der Adel ängstlich durcheinanderlief, und sich doch noch zu rangieren[135] suchte vor seinem Herrgott; eine Menge Justiz- und andere Wölfe wollten aus ihrer Haut fahren und bemüheten sich in voller Verzweiflung sich in Schafe zu verwandeln, indem sie hier den in feuriger Angst umherlaufenden Witwen und Waisen große Pensionen aussetzten, dort ungerechte Urteile öffentlich kassierten und die geraubten Summen wodurch sie die armen Teufel zu Bettlern gemacht hatten, sogleich nach Ausgang des Jüngsten Tages zurückzuzahlen gelobten. So manche Blutsauger und Vampyre denunzierten sich selbst als Hängens und Köpfens würdig und drangen darauf, daß noch in der Eile hier unten ihr Urteil an ihnen vollzogen würde, um die Strafe von höherer Hand von sich abzuwenden. Der stolzeste Mann im Staate stand zum ersten Male demütig und fast kriechend mit der Krone in der Hand und komplimentierte mit einem zerlumpten Kerl um den Vorrang, weil ihm eine hereinbrechende allgemeine Gleichheit möglich schien.

133. Jahrhundert.
134. Handelnde, Schauspieler.
135. hier: nach Rang ordnen.

Ämter wurden niedergelegt, Ordensbänder und Ehrenzeichen eigenhändig von ihren unwürdigen Besitzern abgelöset; Seelenhirten versprachen feierlich künftighin ihren Herden neben den guten Worten noch obendrein ein gutes Beispiel in den Kauf zu geben, wenn der Herrgott nur dieses Mal es noch beim Einsehen bewenden ließe.
O was kann ich's beschreiben wie das Volk vor mir auf der Bühne in- und durcheinander lief und in der Angst betete und fluchte und jammerte und heulte; und wie jeglicher Maske auf diesem zusammengeblasenen großen Balle, die Larve von dem Antlitze fiel und man in Bettlerkleidern Könige und umgekehrt, in Ritterrüstungen Schwächlinge und so fast immer das Gegenteil zwischen Kleid und Mann entdeckte.

50. Ludwig Börne: Aus meinem Tagebuche (gekürzt)

[Bad] Soden, den 9. Mai 1830

Ich bin erst drei Tage hier, und schon ist mir die Zeit über den Kopf gewachsen. Lang, lang, lang! Ich war der erste und bin noch der einzige Brunnengast; ich bin der Kurfürst von Soden. In einigen Wochen nennt man mich den Nestor[136] unter den Kurgästen. Doch was wird mir das nützen bei den künftigen Damen, flösse mir auch die Weisheit süß wie Honig von den Lippen? Man kann, gleich Mahomet, noch im vierzigsten Jahre ein Held werden und Länder erobern; aber nach der Ansicht aller weiblichen Historiker endet das heroische Zeitalter der Männer mit dem dreißigsten Jahre. Schlimm! Ich werde ein geistlicher Kurfürst bleiben.
Aus meinem Fenster übersehe ich den *Hof*, und zwar genauer und besser als andere Fürsten den ihrigen, und ich erfahre alles, was darin vorgeht, ganz der Wahrheit gemäß.

136. alter, weiser Ratgeber, ältester Vertreter einer Wissenschaft.

Er hat einen großen Vorzug vor dem alten Hofe von Versailles: dieser hatte nur *ein* Œil de bœuf[137], meiner aber hat viele. Er besteht übrigens, wie gewöhnlich, aus wenigen Menschen und zahlreichem Vieh. Unser Hofleben ist keineswegs ohne Abwechslung; außer dem Alltäglichen geschieht auch täglich etwas Neues. Ich passe sehr auf und werde, gleich St. Simon, Memoiren schreiben.[138]

Gestern in der Nacht war der Hof sehr unruhig. Das große Tor wurde auf- und zugeschlossen, es wurde geschrieen und geflüstert, und viele Menschen gingen mit Lichtern hin und her. Ich konnte erst spät einschlafen. Heute morgen erfuhr der Hof und zwei Stunden nachher das Dorf die höchst erfreuliche Nachricht, daß kurz vor Mitternacht die Kuh glücklich gekalbt habe. Die hohe Kalbbetterin befindet sich so wohl, als es unter solchen Umständen möglich ist. Es ist keine Schmeichelei, wenn ich sie die *hohe* nenne. Sie ist eine Schweizerkuh und so hoch und stattlich, als mir je eine vorgekommen; sie ist die Königin des Stalles. Ich wurde ihr gestern nach dem Diner von der Viehmagd präsentiert. Ich begnügte mich, sie zu bewundern, sprach aber nicht mit ihr, da sie nicht mit mir zu reden anfing. Mir fiel zu rechter Zeit ein, was vor zwanzig Jahren an einem Hofe, der später im Brande von Moskau zerstört worden ist, einem ehrlichen Deutschen von meinen Bekannten begegnet ist. Er wurde der Königin präsentiert, machte die üblichen drei Bücklinge und begann seine wohleinstudierte Rede mit sanfter Stimme herzusagen. Da trat der Zeremonienmeister hervor, fiel ihm in das Wort und sagte zurechtweisend: on ne parle pas à la reine![139] Daran dachte ich im Stalle.

Heute früh fand ein Zweikampf zwischen einer Hofgans

137. frz., wörtl.: Ochsenauge. In Versailles Bezeichnung für das Vorzimmer des Königs nach einem ähnlich geformten Fenster.
138. Louis de Rouvroy, Herzog von Saint-Simon (1675–1755), schrieb Memoiren, in denen er die letzten Regierungsjahre und das Hofleben Ludwigs XIV. heftig kritisierte.
139. frz., »Man redet die Königin nicht an.«

und einer aus dem Dorfe statt, die, obzwar nicht hoffähig, sich eingedrungen hatte. Die Hofgans packte die Zudringliche am Flügel, diese machte es ebenso mit ihrer Gegnerin, so daß die beiden zusammen ein Oval bildeten. Sie drehten sich einander festhaltend im Kreise herum und walzten auf diese Weise, Brust an Brust gelehnt, Haß atmend, miteinander. Der Staub wurde aufgewühlt, die Federn stoben. Der Kampf dauerte über eine Viertelstunde lang. Endlich mußte die eitle Bauerngans, tüchtig gerupft, mit Schmach bedeckt und von Spott verfolgt, die Flucht ergreifen. Die übrigen Hofgänse hatten natürlich die Partei ihrer Standesgenossin genommen. Es war ein Geschnatter, ein Gepfeife und ein Flügelschlagen, daß es gar nicht zu beschreiben ist. Besonders zeichnete sich eine alte Gans mit gelbem Halse durch ihre Heftigkeit und Bosheit aus [...]. Eine junge Gans, die hinter der alten stand, als diese sich ereiferte, machte einen spöttischen Schnabel und kicherte verstohlen. Weil sie jung war, fürchtete sie jeunes idées[140] nicht, und sie war darum weniger aristokratisch. [...]

51. Georg Büchner: Leonce und Lena, 3. Akt, 2. Szene

Prinz Leonce, der Sohn des Königs Peter vom Reiche Popo soll die Prinzessin Lena aus dem Reiche Pipi heiraten. Er flieht. Dasselbe hat auch schon Lena getan. Obwohl über den Verbleib der Hauptpersonen nichts bekannt ist, werden die Hochzeitsvorbereitungen abgewickelt. Alles ist zum Empfang des Brautpaars bereit.

Freier Platz vor dem Schlosse des Königs Peter.
Der Landrat. Der Schulmeister.
Bauern im Sonntagsputz, Tannenzweige haltend.

Landrat. Lieber Herr Schulmeister, wie halten sich Eure Leute?

140. frz., wörtl.: junge Gedanken; mit polit. Nebensinn (vgl. »Junges Deutschland«).

Schulmeister. Sie halten sich so gut in ihren Leiden, daß sie sich schon seit geraumer Zeit aneinander halten. Sie gießen brav Spiritus in sich, sonst könnten sie sich in der Hitze unmöglich so lange halten. Courage, ihr Leute! Streckt eure Tannenzweige grad vor euch hin, damit man meint, ihr wärt ein Tannenwald, und eure Nasen die Erdbeeren, und eure Dreimaster die Hörner vom Wildbret, und eure hirschledernen Hosen der Mondschein darin. Und merkt's euch: der hinterste läuft immer wieder vor den vordersten, damit es aussieht, als wärt ihr ins Quadrat erhoben.

Landrat. Und, Schulmeister, Ihr steht vor die Nüchternheit.

Schulmeister. Versteht sich, denn ich kann vor Nüchternheit kaum noch stehen.

Landrat. Gebt acht, Leute, im Programm steht: »Sämtliche Untertanen werden von freien Stücken[141] reinlich gekleidet, wohlgenährt und mit zufriedenen Gesichtern sich längs der Landstraße aufstellen.« Macht uns keine Schande!

Schulmeister. Seid standhaft! Kratzt euch nicht hinter den Ohren und schneuzt euch die Nasen nicht, solang das hohe Paar vorbeifährt, und zeigt die gehörige Rührung, oder es werden rührende Mittel gebraucht werden. Erkennt, was man für euch tut: man hat euch grade so gestellt, daß der Wind von der Küche über euch geht und ihr auch einmal in eurem Leben einen Braten riecht. Könnt ihr noch eure Lektion? He? Vi!

Die Bauern. Vi!

Schulmeister. Vat!

Die Bauern. Vat!

Schulmeister. Vivat!

Die Bauern. Vivat!

Schulmeister. So, Herr Landrat. Sie sehen, wie die Intelligenz im Steigen ist. Bedenken Sie, es ist Latein. Wir

141. freiwillig.

geben aber auch heut abend einen transparenten Ball[142] mittelst der Löcher in unseren Jacken und Hosen, und schlagen uns mit unseren Fäusten Kokarden an die Köpfe.

52. Georg Büchner: Der Hessische Landbote (Ausschnitt)

In den vorausgehenden Abschnitten der Flugschrift wird ausgeführt, wieviel Geld die hessischen Untertanen jährlich für den großherzoglichen Hof, für den Beamtenapparat und für das Militär aufbringen müssen, und wie wenig es zu ihrem Wohl verwendet wird.

Der Fürst ist der Kopf des Blutigels, der über euch hinkriecht, die Minister sind seine Zähne und die Beamten sein Schwanz. Die hungrigen Mägen aller vornehmen Herren, denen er die hohen Stellen verteilt, sind Schröpfköpfe[143], die *er* dem Lande setzt. Das L., was unter seinen Verordnungen steht[144], ist das Malzeichen des Tieres, das die Götzendiener unserer Zeit anbeten. Der Fürstenmantel ist der Teppich, auf dem sich die Herren und Damen vom Adel und Hofe in ihrer Geilheit übereinander wälzen – mit Orden und Bändern decken sie ihre Geschwüre, und mit kostbaren Gewändern bekleiden sie ihre aussätzigen Leiber. Die Töchter des Volks sind ihre Mägde und Huren, die Söhne des Volks ihre Lakaien und Soldaten. Geht einmal nach Darmstadt und seht, wie die Herren sich für euer Geld dort lustig machen, und erzählt dann euern hungernden Weibern und Kindern, daß ihr Brot an fremden Bäu-

142. »durchscheinende« Kleidung wird zum offiziellen »Kostüm« für den Ball erklärt.
143. Saugglocken aus Gummi, Glas oder Metall, mit denen Blut entzogen werden kann, wenn vor dem Ansetzen die Haut angeritzt wird.
144. als Anfangsbuchstabe des Namens von Großherzog Ludwig II. von Hessen.

chen herrlich angeschlagen sei, erzählt ihnen von den schönen Kleidern, die in ihrem Schweiß gefärbt, und von den zierlichen Bändern, die aus den Schwielen ihrer Hände geschnitten sind, erzählt von den stattlichen Häusern, die aus den Knochen des Volks gebaut sind; und dann kriecht in eure rauchigen Hütten und bückt euch auf euren steinichten Äckern, damit eure Kinder auch einmal hingehen können, wenn ein Erbprinz mit einer Erbprinzessin für einen andern Erbprinzen Rat schaffen will, und durch die geöffneten Glastüren das Tischtuch sehen, wovon die Herren speisen, und die Lampen riechen, aus denen man mit dem Fett der Bauern illuminiert[145].

53. Georg Weerth: Der Herr Preiss in Nöten (Ausschnitt)

Die Handlung spielt im Revolutionsjahr 1848. Der Handelsherr Preiss klagt seinem Buchhalter Lenz, wie die Revolutionen in Paris und Wien die allgemeine wirtschaftliche Situation erschüttert hätten, in seinem Geschäft einschneidende negative Auswirkungen hervorriefen und ihm nachts Alpträume verursachten. Da erhält er die Nachricht von der Revolution in Berlin. Nach einem kläglichen Tag geht er voll ängstlicher Erwartung und nach verschiedenen Sicherheitsvorkehrungen zu Bett.

Also dastehend in weißer Unterhose, in baumwollener Nachtmütze und das eine Bein auf dem Rande des Lagers, empfahl Herr Preiss sich dem allmächtigen Schöpfer Himmels und der Erde, und noch einmal hinaushorchend, ob sich auch gar nichts rege da draußen in der revolutionären Außenwelt, taumelte er dann mit einem kühnen Salto mortale in die sanften vaterländischen Kissen. Auf dem Nacht-

145. festlich erleuchtet.

tisch aber lagen die zwei türkischen Pistolen, ein Federmesser[146] und drei Dutzend Schwefelhölzer.
Mehrere Stunden mochte der Schlafende ruhig geschnarcht haben, da neigte sich der Träume lieblicher Gott über die baumwollene Nachtmütze des würdigen Handelsherrn und ließ ihn träumen folgenden Traum. Der Herr Preiss träumte, alle Zahlen seines großen Hauptbuches hätten ein Komplott, eine Konspiration[147] gegen sämtliche Nullen desselben gebildet.
Die Nullen, weil ihrer zwei hinter Eins: Hundert und weil ihrer fünf hinter Eins: Hunderttausend ausmachen, hatten nämlich seit undenklicher Zeit behauptet, daß sie allein Wert und Wichtigkeit in der Welt hätten und daß alle übrigen Zahlen nur existierten, um ihnen wohlgefällig zu sein. Bei öffentlichen Gelegenheiten in Adressen[148] und Proklamationen vergaßen sie nie, diese Ansicht geltend zu machen, und wenn die guten, geduldigen Zahlen Einwendungen zu machen suchten, so wurden sie höchstens ausgelacht und mit einem Rüffel von wegen ihres beschränkten Untertanenverstandes wieder entlassen.
»Wir, von Gottes Gnaden, Null«, hatte manche dicke Null in dergleichen Fällen gesagt, »tun hiermit kund und geben zu wissen, daß ihr dummen, aber zudringlichen Zahlen euch jeglicher Einmischung in unsre Kraft und Herrlichkeit enthalten sollt, widrigenfalls wir euch laut einem funkelnagelneuen Strafgesetzentwurf mit Knütteln, Bajonetten, Kartätschen und Schrapnells allerhöchst vom Leben zum Tode befördern werden.«
In solchem Stile, umwunden von einigen bürokratischen Verblümungen, beliebten die Nullen ihre Weisheit den Zahlen gegenüber an den Tag zu legen; und wie ein ehrlicher Mann vieles glaubt, wenn es ihm nur mit dem gehörigen Nachdruck gesagt wird, so glaubten auch die Zahlen bald an das, was ihnen die Nullen vortrugen, und es konnte

146. feines Messer für den Schreibtisch.
147. Verschwörung.
148. polit. Willenskundgebungen, Glückwunsch- oder Dankschreiben.

nicht fehlen, daß sich mit der Zeit zwischen beiden Parteien das allerschönste Untertanenverhältnis entwickelte und schnell eine ganze Hetze von königlichen, kaiserlichen, fürstlichen, landgräflichen und ähnlichen Nullen gleich einem Heuschreckenschwarme das Land bedeckte.
Die Zahlen, als schlichte, biedere Staatsbürger, die sich lieber mit ihren Gewerben, mit Künsten und Wissenschaften als mit groben Nullen abgaben, hatten kaum gemerkt, daß die letztern sich mit jedem Tage fester und feister fraßen. Sie fuhren mit Vieren, sie schossen alle Hasen, sie fraßen Eis en vanille und rochen wohlriechend. Dazu liebten sie ihrer Untergebenen Schweiß und Blut; beides zapften sie ab und tranken es zum Wohle ihrer Staaten. Bei dieser guten Lebensart wurden sie, je länger, je lieber, immer aufgeblasener und hochmütiger. Sie stifteten Zerwürfnisse durch ihre Strafentwürfnisse, sie preßten durch ihre Preßgesetze[149]; sie verboten das Singen und das Reden, ja beinahe das Husten und das Pissen.
Da brach den Untertanen die Geduld; sie kamen zusammen in kleinen Waschzetteln und Wirtshausrechnungen; sie überlegten, was zu tun sei, und entwarfen folgende Adresse an die zunächst residierende Herrschaft:
»Allerdurchlauchtigste Majestät, allergnädigster König und Null! Ew. null und nichtigen Hoheit erlauben wir uns hierdurch die friedliche Bemerkung zu machen, daß wir zwar gern Dero Wichtigkeit insoweit anerkennen, als die Null überhaupt im Dezimal- und sonstigen Rechnungssystem Bedeutung hat, daß wir aber sehr bezweifeln, ob Ew. königl. Null noch dann irgendeinen Wert hätte, wenn Ihr nicht stets eine bürgerliche Zahl vorherginge. Indem wir daher Ew. null und nichtigen Hoheit dringend anempfehlen, gütigst sofort die Souveränität der Zahlen eintreten lassen zu wollen, verharren und ersterben wir freundschaftlichst und ergebenst Ew. königl. Null betreffende Zahlen: Eins, Zwei, Drei, Vier, Fünf, Sechs, Sieben, Acht und Neun.«

149. Pressegesetze.

Die zwar höfliche, aber nichtsdestoweniger höchst energische, im sogenannten jakobinischen[150] Stile abgefaßte Adresse der Zahlen an Se. Majestät, die königliche Null, zeigte nur zu deutlich, daß sich die Unterzeichneten bemühten, das Verhältnis zwischen Fürst und Untertan von dem weltbekannten, historischen Rechtsboden auf die breiteste demokratische Grundlage hinunterzuziehen. Ihre null und nichtige Hoheit gerieten deswegen in die außerordentlichste Mißstimmung. Minister wurden entlassen, Gesandte wurden abberufen, Kammerjäger bekamen Fußtritte, und die Orden verringerten sich bedenklich. Am entsetzlichsten machte sich indes der Unwille Ihrer Majestät in dero allerhöchsten Handschreiben an sämtliche null und nichtigen Vettern und lieben Getreuen des weiten Landes Luft. Der freche, unehrerbietige Tadel altehrwürdigen Herkommens, den sich die Volksversammlung der Zahlen in den Augen Ihrer Majestät zuschulden kommen ließ, wurde in den schwärzesten Couleuren[151] geschildert. Man sprach geradezu von einer weitverzweigten Konspiration, welche den Umsturz alles Bestehenden zum Zweck habe und nach vielfachen anarchischen Volksbelustigungen mit einer blauweiß-rötlichen Republik endigen solle.
Zahlreiche Spione mit blonden Schnurrbärten und tiefliegenden, schmutzig-blauen Augen, Leute von Gesinnung und Charakter, die sich zu des respektiven Landesfürsten wohldressiertesten Dienern rechneten, waren aufs eifrigste bemüht, der um sich greifenden Verderbnis der niederen Volksklasse nachzuspüren, und es bedarf wohl nicht der Versicherung, daß diese gefälligen, achtungswerten Männer zu Nutz und Frommen ihrer null und nichtigen Herrn aus der Mücke der Wahrheit jedesmal den Elefanten der Lüge zu bereiten wußten und so die unselige Kluft zwischen Null und Zahl nur noch immer weiter und tiefer machten. – Es würde zu weitläufig sein, diese zu einer unheilvollen Kata-

150. *Jakobiner:* Mitglieder des Klubs der radikalen Republikaner während der Französischen Revolution.
151. Farben.

strophe sich entwickelnde Spaltung in allen ihren Details verfolgen zu wollen. Der Herr Preiss träumte sie auch nur abgerissen und fragmentarisch, und wir sind zu gewissenhaft, um irgend etwas schildern zu wollen, was nicht wirklich faktisch und historisch in der unsterblichen Seele des Schlafenden zur Welt kam.

Jedenfalls wurden die Sachen sehr schlimm. Der berühmten Petition[152] der Zahlen war von seiten der Nullen die tiefste offizielle Stille, von seiten der Zahlen die Qual der peinlichsten Erwartung gefolgt. Die guten untertänigen Zahlen wollten eine Antwort auf ihre Eingabe, ehe sie dem Throne wieder frohlockend nahten; die hochgeborenen Nullen wünschten dagegen nicht früher etwas zu erwidern, als bis die gehörige Anzahl Schrapnells angefertigt worden sei und die außerordentlich kurzen diplomatischen Verhandlungen unter den verschiedenen Höfen ein anständiges Ende erreicht hätten.

Endlich waren diese durchaus nötigen Präliminarien[153] erledigt, und da sich gerade ein sonderbares volkstümliches Gemurmel in den Grundschichten des bürgerlichen Lebens kundtat, so beeilte sich die eine namentlich angegangene Null um so mehr, ihren königlichen Gesinnungen in folgender höchster Proklamation den so sehr gewünschten Ausdruck zu verleihen.

Diese durch den *Staats-Charivari*[154] veröffentlichte Proklamation hieß folgendermaßen:

»Irregeleitete Zahlen, sehr freche Landeskinder! Wurzelnd in dem Rechtsboden meiner glorreichen Ahnen und gehüllt in den Fabelmantel meiner absoluten Herrlichkeit, fühle ich das größeste Bedürfnis, ein unsägliches Mitleid mit euch zu haben. Die Forderung, euch die Souveränität zu bewilligen, beweist wohl am besten, daß ihr hiezu noch nicht reif seid. Der Untertan ist nicht ein fortdauernd nehmendes, sondern

152. Gesuch, Bittschrift.

153. Vorverhandlungen, Einleitung, Vorspiel.

154. *Charivari:* Durcheinander, Katzenmusik. Titel einer 1832 in Paris gegründeten satirischen Zeitschrift.

ein duldend empfangendes Wesen. Wehe euch, daß ihr herausgetreten aus eurer naturwüchsigen Entwickelung. Solange eine Null noch Wert und Wichtigkeit hat, wird euch nimmer gewillfahrt werden; denn es ist meine Pflicht, über euch zu wachen und zu herrschen wie eine wahrhaft landesväterliche, königliche Null.«

Ähnliche, von fast allen kaiserlichen wie land- und reichsgräflichen Nullen erlassene Proklamationen waren die Signale zu einem wahrhaft thronerschütternden Volksunwillen.

Man raunte sich überall in die Backenbärte: entweder müsse man eine Revolution veranstalten oder man blamiere sich vor der ganzen Tierwelt. In einer massenhaft besuchten Volksversammlung drang diese Ansicht noch mehr durch. Die Eins, ein gerade gewachsener, tüchtiger Mann, setzte sie ohne viele Gestikulationen in einer trefflichen Rede sehr verständlich auseinander. Die Zwei, wie ein listiges Fragezeichen aussehend, machte sie zwar durch einige Einwürfe für den Augenblick wankend; als dann aber die Drei, ein recht knorriger Mann aus dem Volke, auftrat, da war die Sache schnell wieder im Zuge, und es bedurfte schließlich nur der kantigen Vier, um für die betreffende Angelegenheit den schallendsten Applaus zu erregen.

Mit dem glänzendsten Pathos entwickelte dann die bombastische Fünf die Segnungen, welche einem Umsturz des Bestehenden folgen würden. Die Sechs, ein entschiedenes, energisches Wesen, drang da auf Abstimmung; man gab aber noch der Sieben das Wort, die nach ihrem galgenähnlichen Äußern einen außerordentlichen Redeerguß verhieß.

Die Acht zeigte sich ebenfalls noch auf der Tribüne; da sie aber durch ihre aus zwei Nullen bestehende Gestalt nur zu sehr an eine außereheliche Abkunft höhern Orts erinnerte, so entstand ein wahrer Orkan von Völkergeschrei, und schnell mußte sie der keulenähnlichen Neun den Platz überlassen, die ohne weitere Umstände die Motion machte, daß man die Sitzung sofort auf die Straße verlege, um ihr einen desto praktischern Anstrich zu verleihen.

Soweit hatte der Herr Preiss geträumt, da seufzte er tief auf, und der Quast der baumwollenen Nachtmütze bewegte sich über seinem Haupte. »Das Volk steht auf, der Sturm bricht los.« – Mit Schrecken gewahrte er, wie die Zahlen und die Nullen die weiße, ebene Fläche seines großen Hauptbuches dazu ausersahen, das Schlachtfeld ihres Souveränitätskampfes zu werden.

54. *Adolf Glassbrenner: Allgemeine Hundefreiheit*

Der Magistrat von Oheu geht damit um, die Hundesteuer aufzuheben und eine allgemeine *Hundefreiheit* einzuführen. Unverbürgte Nachrichten sagen, es sei bereits eine Kommission niedergesetzt, welche nachfolgenden Entwurf einer Hundeverfassung vorlegen würde.

WIR

von Oheus Gnaden, Magistrat von Oheu, erklären für das ganze Gebiet unserer Residenzstadt hiermit öffentlich, feierlichst und für ewige Zeiten die *vollkommene Hundefreiheit* wie folgt:

§ 1. Alle Hundegewalt geht vom Magistrat aus.

§ 2. Die Regierungsform ist die hündisch-monarchische. Die Freiheit der Hunde ist unantastbar.

§ 3. Da aber Freiheit ohne Ordnung und Gesetz nicht möglich ist, so sichern wir die Oheuer Hundefreiheit durch die nachfolgenden Gesetze.

§ 4. Jeder Hund muß an einem Strick geführt werden.

§ 5. Kein Hund darf blaffen oder bellen.

§ 6. Von den §§ 4 und 5 sind nur die größten Schweinehunde ausgenommen, welche frei umhergehen und ungehindert bellen dürfen.

§ 7. Jeder Hund muß ein schwarzweißes[155] Halsband tra-

155. die preuß. Landesfarben. Das Eiserne Kreuz von 1813 wurde am schwarzweißen Band getragen.

gen, auf welchem die Worte: »Mit Gott, für König und Vaterland« stehen.

§ 8. Außerdem muß jeder Hund da, wo der Schweif beginnt, einen Reif mit dem Oheuer Magistratsstempel tragen.

§ 9. Kein Hund darf sich zu einem andern Kunststück als zu dem, einen sogenannten »Diener machen«, abrichten lassen.

§ 10. Das bekannte Nachforschen, Spionieren der Hunde untereinander darf, obschon eine anständigere Form desselben wünschenswert wäre, in keiner Weise beschränkt werden.

§ 11. Die Moralität und Reinheit der Stadt Oheu machen es notwendig, die bisherigen unvermeidlichen, natürlichen Äußerungen der Hunde auf ein dazu gesetzlich zu bestimmendes Lokal zu beschränken. (Die Minorität verlangte sogleich für diesen Zweck die Redaktionslokale der Neuen-Oheuer und der Tante-Zeitung[156] anzukaufen.)

§ 12. Jeder Liebhaber und jede Liebhaberin bedarf fortan eines vom Oheuer Magistrat auszustellenden Heiratsscheines.

§ 13. Sämtliche Hundebesitzer – mit Ausnahme derjenigen, welche die Hunde zu ihrem Geschäft gebrauchen – sind Urwähler. Diese Urwähler wählen – denn nur so kann eine breiteste Grundlage verstanden werden – 100 Wahlvertreter, welche ihrerseits 50 Wahlmänner wählen, aus deren Mitte mittelst *direkter* Wahl 10 Abgeordnete behufs Vereinbarung einer Hundeverfassung hervorgehen.[157]

Nachtrag. Sollte die Hundebesitzer-Kammer verlegt und vertagt werden[158], so hat der Magistrat *recht* und

156. Die Vossische Zeitung, ein in Berlin erscheinendes liberales Blatt, wurde gelegentlich scherzhaft »Tante Voss« genannt.

157. Vgl. das Wahlrecht der am 31. Januar 1850 verkündeten preuß. Verfassung: Die Wahlberechtigten (Urwähler) wählten zunächst Wahlmänner, durch welche die Wahl der Abgeordneten erfolgte.

158. Nach der genannten Verfassung hatte der König das Recht, den

jeder Hund ist angewiesen, *freudig zu wedeln*, wie andere anständige Hunde immer tun. *Knurrende* werden standrechtlich erschossen.

Oheu, im strengen Wintermond.

DIE KOMMISSION FÜR ENTWERFUNG EINES ENTWURFS
ZUR VEREINBARUNG EINER HUNDE-VERFASSUNG
BEHUFS DER ZU GESTATTENDEN HUNDEFREIHEIT

55. Adolf Glassbrenner: Verkehrte Welt (gekürzt)

Die Residenz, in der ich mich befinde,
Heißt Dummdummdumm und ist halb Stadt, halb Land,
Ein bunt Gemisch von Stall und Palast, ein Gewinde
Von Gärten, Straßen, Fluß und Feld und Sand;
Tür, Tor und Fenster bleiben unverschlossen;
Es zeigen hier die Wesen alle sich,
Halbmenschen und Halbtiere, öffentlich
In ihres Lebens Tragödien und Possen,
In allem Tun und Treiben, gut und schlecht,
In Arbeit und Gebet und Unterhaltung,
In ihrem Hassen wie in ihrem Lieben,
Und einzig nur das öffentliche Recht,
Die Politik und die Finanzverwaltung,
Die werden auf das Heimlichste betrieben.

's ist Frühlingszeit! Ein rabenschwarzer Schnee
Fällt pfeifend aus dem grünen Himmel nieder;
Verklungen sind des Pfauen holde Lieder,
Die Nachtigall sitzt auf dem Galgen wieder
Und krächzt der blauen Erde vor ihr Weh.

Landtag einzuberufen und zu schließen, ihn zu vertagen und das Abgeordnetenhaus aufzulösen.

Auf hohen Felsen, ganz mit Eis bedeckt,
Flicht schlittschuhlaufend man die vollen Garben;
Die Täler unten haben sich erkeckt,
Zu kleiden sich in schwarzrotgoldne Farben;
Die Sonne sinkt in Osten nieder, dann
Erscheint der Mond mit hellen, heißen Strahlen;
So wird es Tag! Man steckt Laternen an,
Und wer schon Greis und nicht verlassen kann
Sein Zimmer mehr, der muß dafür bezahlen.
[...]

Der Tag ist da mit allen seinen Sorgen;
Ihr Alphorn bläst von fern die Polizei;
Die Henne kräht verkündigend den Morgen,
Im Winkel dort legt schon der Hahn ein Ei;
Die Hunde putzen sich, die Katzen bellen,
Die Lerchen brüllen in den Ställen;
Die Ochsen heulen, fette Kühe schwingen
Sich jubilierend auf, und in dem Rock von Drill'ch,
Die vollen Eimer tragend, bringen
Schon die Geheimenräte ihre Milch.

Schimpfend und prügelnd auf die trägen Dohlen,
Bringt hier der Künstler seinen Mehlsack fort,
Und viele hundert Esel, schwarz wie Kohlen,
Umflattern jenen alten Kirchturm dort.

Der Kavalier schärft seine blanke Sense
Und geht zur Arbeit, froh und frisch;
Es sitzen um den langen Kaffeetisch
Gespreizte, alte, schnatterhafte Gänse;
Die plumpen, kugelrunden Tauben grunzen
Und wälzen sich in kot'ger Gruft;
Man hört die Magd die Hausfrau runterhunzen;
Der Drescher schimpft den Pächter: fauler Schuft;
Das gnäd'ge Fräulein buttert hier die Sahne;

Der Knabe dort schwingt lustig seine Fahne
Und treibt die holden Schweine in die Luft.
[...]

Die Jungfrau sitzt auf ihrem Sorgenstuhle
Mit bleichen Wangen und gefurchter Stirn;
Die Greise gehn verdrießlich in die Schule,
Der Jüngling näht und strickt und wickelt Zwirn
Und fertigt Hemden und säumt Taschentücher,
Stickt sich Manschetten, macht sich seinen Zopf –
Die Frauen reiten, schreiben lange Bücher,
Und Männer schaffen an dem Suppentopf.

Gemeine Knechte fahren in der Chaise
Nach Hofe hin, wie Narren aufgeputzt;
Der Landrat bringt zu Markte Wurst und Käse,
Vom langen Weg ermüdet und beschmutzt;
Dort schleppt sich eine Waschfrau fort auf Krücken,
Wer sie erblickt, macht seine Reverenz[159],
Zieht seinen Hut, krummbuckelt seinen Rücken
Und nennt das alte Waschweib: Exzellenz[160]!
[...]

Die Landarmee in der verkehrten Welt
Besteht aus hunderttausend kleinen Knaben,
Die blutigrote Uniformen haben,
Auf Steckenpferden durch die Straßen traben
Und in Kasernen und in Zelt und Feld
Verprassen ihrer armen Väter Geld.

Hier ziehen, ihre Butterbrote schmausend,
Die kleinen Körper alle kerzengrade,
Steif und geschnürt, wohl eben gegen tausend,
Der Kindertrommel folgend, zur Parade.

159. Ehrenbezeigung, Verbeugung.
160. früher Titel der Minister und hohen Beamten, Anrede für den röm.-kath. Bischof.

Sie schaun martialisch[161] hin auf ihre Mütter
Und auf die Väter in der Gaffer Runde,
Doch beißen sie nur Brot, und keinen dieser Ritter
Verunziert eine Narbe oder Wunde.

Es zog seit frühstem Morgen pfeifend schon
Der elegante Lumpensammler durch die Stadt;
Jetzt liefert er, was er gewonnen hat,
Ab an die »Bunte-Lappen-Kommission«.
Dorthin drängt alles und umringt den Karren,
Was mehr und wen'ger toll ist und verrückt;
Es zittern vor Begier Dummdummdumms Narren,
Bis ihren Hintern solch ein Lappen schmückt.

Hoch aufgerichtet auf dem Walle geht
Das allgemein verehrte Rindvieh promenieren;
Die alte Edelkuh läßt sich von Kälbern, seht!
Großmäul'gen und glotzenäugigen, hofieren,
Und auch die junge Kuh, die mit dem Fächer weht,
Übt hinter ihr sich schon im Kokettieren,
Nimmt knicksend an von einem alten, welken,
Verliebten Ochsen einen Strauß von Nelken
Und läßt dafür sich ein Glas Milch abmelken.

Die Straßen reinigen nun die Rentiers;
Hoffräuleins rufen Grünes aus und Eier;
Es betteln rings die hungrigen Bankiers
(Dem einen, Rothschild[162] hieß er, schenkt' ich einen Dreier),
Der Arzt haut mit dem Stocke, schimpft und flucht
Auf alle Kranken, fährt nur zu Gesunden;
Der Fiskus[163] in der Uniform besucht
Flinklaufend mit dem Schersack seine Kunden;

161. kriegerisch.
162. Seit dem Wiener Kongreß beherrschte das internationale Bankhaus Rothschild (Banken in Frankfurt, Paris, London, Wien, Neapel) das Anleihegeschäft der stark verschuldeten Staaten.
163. Staatskasse, -vermögen, -behörde.

Es gehen die Minister Haus zu Haus
Durch alle Straßen, alle Gassen
Und tragen die Regierungszeitung aus,
In der sie für des Bürgers Geld –
Oh, über die verkehrte Welt! –
Sich und ihr Treiben täglich loben lassen.

Ein Handelsherr, ein aufgeblasner, reicher,
Löscht seinen Dämpfer »Liebe« an der See,
Wirft schwarze importierte Menschen in den Speicher,
Männer und Frauen première qualité[164],
Und exportiert daneben weiße Menschenware,
Die, hier gedrückt, gemartert und geprellt,
Den letzten Fluch flucht und die letzten Jahre
Verleben will fern der verkehrten Welt.
[...]

Verdammter *Unsinn* ist dies alles, ja!
Schier um uns den Verstand zu rauben!
Und hätt' ich eh'dem *größern* nicht gesehen,
Ich würde das, was hier geschehen,
Mir selber nicht, der ich doch selbst es sah,
Geschweige irgendeinem andern glauben.

56. Bernt Engelmann: Kein schöner Land

Kein schöner Land in dieser Zeit als das unsere: Lauschig sind seine Wälder, noch lauschiger die kleinen Männlein an unseren grundgesetzlich geschützten Telefonleitungen. Hinter den Wäldern, dort, wo sich die ganz sicheren Wahlkreise der hochwürdigen Unionsparteien ausbreiten, grasen glückliche Kühe auf blumiger Au. Gnadensonne vergoldet den Grünen Plan, und auf den silbernen Flüssen vergnügen

164. frz., wörtl.: erste Güte.

sich kinderreiche Familien auf ihren stolzen, Regierungskurs haltenden Segeljachten. Manche treiben auch ab.
In stillen, beschaulichen Tälern, zwischen reichgedüngten Spinatbeeten, kuscheln sich behäbige Häuschen an Dorfkirche, Pfarrhaus und Zwergschule. Schmalstirnige junge Recken pflegen mit Inbrunst das prächtige Vieh, die alten Traditionen und den Fremdenverkehr mit den in Omnibussen herbeigeströmten Touristinnen.
In den geschäftigen Städtchen ragen stolze Dome und Versicherungspaläste in den abgasgesättigten Himmel, noch weit stolzer die Gehälter vorbildlich klassenbewußter Vorstandsbelegschaften großer Warenhaus-Kombinate oder so rühriger Bankangestellter wie Hermann Josef Abs[165]. Fortschritt paart sich mit Tradition: Neben ultramodernen Kirchen und gläsernen Beamtensilos haben sich idyllische Wohnruinen, sagenumwobene Kliniken, altehrwürdige Schulen und wissenschaftliche Institute erhalten, deren morsches, efeuumranktes Gemäuer die schöne Zeit zu preisen und lebendig zu halten scheint, als des letzten Monarchen ehrwürdiger Großvater noch ein ungestümer Wildfang war.
Wenn dann die im Schein der Abendsonne schimmernde Wehr mit klingendem Spiel und unter dem Juchhu der an den Laternen lehnenden Damen durchs Tor einzieht; wenn am Honoratioren-Stammtisch der Herr Landgerichtsdirektor Schnurren aus seiner Dienstzeit beim Stand- und Feldgericht Kiew erzählt; wenn Großväterchen daheim die schöne alte Pergamentlampe mit den ulkigen Tätowierungen anzündet – das letzte ihm verbliebene Erinnerungsstück an die gute alte Zeit bei der Buchenwalder[166] Kommandantur –, dann naht der Augenblick, da man sich zur Ruhe betten will, nicht ohne vorher dem Herrn Bundeskanzler und dem Himmel von Herzen gedankt zu haben für alle Gunst, die sie unserem schönen Vaterland täglich erweisen.

165. 1957–67 Vorstandssprecher der Deutschen Bank AG.
166. *Buchenwald:* im Dritten Reich Konzentrationslager bei Weimar.

57. Ulrich Schmidt: Vogelsang

Unüberhörbar
ist das papageienhafte Gezwitscher
vieler Staatsbürger.
Mit mündigen Schnäbeln singen sie
Loblieder auf ihre vergoldeten Käfige,
die alle Augen blenden.

Die Gattung der Raubvögel
wirft ihnen von Zeit zu Zeit
einige Gnadenwürmer vom Bruttosozialprodukt
durch die Gitterstäbe.

Überall haben sich Königsgeier
in die Polster ihrer Thronsessel gekrallt.
Zufrieden beobachten sie
die aufgeplusterten Spatzen.
Die Käfige werden
scharf bewacht. Doch mehr und mehr
erkennt man, daß diese Maßnahme
überflüssig geworden ist.
Der Wohlstandskäfig bewirkt,
daß Krallen verkümmern.
Die kollektive Euphorie[167]
läßt nur sehr selten flügge werden.
Filmproduzenten rufen zur Balz,
um letzte Frustrationen abzubauen.

Wer trotzdem seinen Freiheitsdrang
nicht überwinden kann,
der darf entfliehen,
nachdem man ihn
für vogelfrei erklärt hat.

167. subjektives Wohlbefinden bei Schwerkranken, Zustand überbetonter Heiterkeit.

58. Christoph Meckel: Im Land der Umbramauten (Ausschnitt)

Der Verfasser verspricht dem Leser »ein nahezu vollständiges Bild des Landes«, das »zwischen dem Tagland und dem Nachtland gelegen [ist] als eine Weltmacht der Dämmerung«. Nach den Mitteilungen über die »hervorstechendsten geographischen Merkmale des Landes« gewährt er in dem angeführten Kapitel »Einblicke in die Beschaffenheit der umbramautischen Natur und die gesellschaftlichen Strukturen«.

Da haben sich ein paar Umbramauten versammelt, gravitätisch Gelangweilte, verziertes Gesindel mit Orden und Flitterkram bis über die Ohren behängt. Schattenkumpane mit Haltung, die andere über und über beladene Umbramauten an der Leine mit sich führen. Sie haben gedrehte und gezopfte Bärte und tragen Hüte auf den großen, unruhigen Köpfen (manche haben sich auch zerbeulte Eimer und halbe Vasen aufgesetzt), und ihre Körper stecken in vielfarbigen, zusammengestoppelten Lumpen. Alles in allem sind sie die Repräsentanten der umbramautischen Bevölkerung, Personen und Persönlichkeiten, von niemand ernannte Dogen[168], Ritter und Kapitäne, Würdenträger und unnachweisliche Helden, Prinzen ohne Hofstaat und Titelhalter ohne Gefolge.

Sie haben ihre Lastträger mitgebracht. Über und über beladen mit dem Eigentum ihrer Besitzer, stehen sie keuchend und gähnend im Hintergrund und warten auf ein Zeichen, ein kurzes Zerren an der Leine, das ihnen erlaubt, sich hinzusetzen. Was hängt ihnen alles zwischen Hals und Hüfte herum! Lumpen und Wimpel, Köcher und rostige Schwertgriffe, Scherben und Löffel, Pumpenschwengel, Stöcke, Federn, Deckel, Schnüre, unerfindlich Wahlloses, Halbwertes, Abfall, Schmutzflocken, lächerlicher Müll.

Indessen, die Mächtigen sind stolz darauf. Sie haben sich

168. Inhaber der höchsten ausübenden Gewalt in Venedig, später auch in Genua. 1797 wurde das Amt aufgehoben.

ein Fähnchen an den Hut gesteckt oder einen Reifen um den Hals gehängt, das kennzeichnet ihre Würde. Sie strählen[169] ihre Schöpfe mit einem Sporn und haben sich einen Schlüssel, eine Feder, einen alten Ring in den Bart gewickelt. Wer eine gewisse Summe solcher Gegenstände nicht erreicht, dürfte sich nie blicken lassen in der hohen Runde der Meisterbesitzer.

Vieles aus ihrem Besitz ließe sich natürlich leicht ausmachen als ehemaliges Eigentum ihrer Sklaven und Lastträger, nur allzu leicht ausmachen. Aber das ist nicht der Rede wert. Sie müssen zusehen, daß sie ihren Besitz zusammenhalten. Der Verlust ihres Besitzes würde auch den Verlust ihrer Ehre bedeuten und das peinliche Verzichten auf jegliche Titelberechtigung. Manche von ihnen sind schon um Hab und Gut gekommen und mußten sich elend davonstehlen, ohne je wieder unter die Mächtigen aufgenommen zu werden, geschweige denn in der Mitte derer unterzukommen, denen sie während ihres goldenen Zeitalters auf den Kopf traten.

In gemessener Entfernung um die Personenschaften und umbramautischen Würdenträger hält sich ein Schwarm von solchen auf, die der große Reichtum geblendet hat. Ein Pfiff, und sie stehen den Bewunderten zu Diensten, um jeden Auftrag mit Eifer auszuführen. Bringt uns Zeug bei, heißt es, und sofort schwärmen die Speichellecker aus, treten einigen von den ihren in den Bauch, reißen ihnen die Köfferchen weg und stürzen zurück zu den Auftraggebern, nicht ohne sich vorher diese oder jene Kleinigkeit beiseitegelegt zu haben. Hoffen sie doch, auch bald einmal unter die Mächtigen gerechnet zu werden, und sie träumen schon davon, über die den Großen reservierten Boulevards der umbramautischen Weltstadt zu schlendern und sich ebenfalls ein oder zwei Schleppgeschöpfe zu leisten – Flaneure[170], die mit ihrer Vergangenheit gründlich abgerechnet haben.

169. mundartl.: kämmen.

170. Müßiggänger, Pflastertreter.

Hopp, ihr Geziefer, heißt es später, wenn die hohen Umbramauten ihre Zusammenkünfte beendet haben –: Hopp, auf die Beine mit euch! Und schwerfällig renken sich die Lastträger wieder in die Höhe und schnappen nach Luft. Dann springen die heimlichen Fürsten und Häuptlinge auf und rutschen sich auf dem Rücken ihrer Träger zurecht. Und schlurfend, mit flammender Lampe zwischen den Zähnen, setzen sich die Gekrümmten und Gebückten mit verrußten Nasen in Bewegung, schwankend wie Schiffe und Kamele und verzehrt von Gram, schlechtgestiefelt und kurzgezügelt hin und her ihrer Wege durch die Dämmerung zu den unauffindbaren Sitzen der umbramautischen Majestäten.

59. Hermann Peter Piwitt: Rothschilds (Ausschnitt)

Robert, genannt Rott, sucht seinen Freund Baldus auf, der in einem vermodernden Zimmer mit spinnwebüberzogenen Geräten und völlig zusammengesessenen Polstermöbeln haust. Baldus will Apotheker werden, weiß aber nicht mehr, wo er seine Bücher hat, da er an Gedächtnisschwund leidet. Außerdem ist er betrunken. Rott will einen Rat von ihm, aber Baldus hört ihn nicht an, sondern holt zu einer großen Rede aus.

»Komm her, Rott«, ruft Baldus und stößt das Fenster auf, »ich zeig dir was: Kuck sie dir an da draußen, wie sie herumwühlen, ein Arsch in jedem Auto und jeder sein eigener Herr! Mit dreißig fängt das Leben an, he, he! So tönen sie und halten den Hintern hin, und legen sich krumm, und wenn sie dreißig sind, haben sie den Wagen voll Blagen, die ihnen die Haare vom Kopf fressen, und wenn es hochkommt ihren Bausparvertrag, und den Sack voll Schulden. Kuck sie dir an, mit der gleichen blinden Wut sind sie nach Rußland marschiert, hat man sie in Marsch gesetzt, Kolonnen, Rollbahnen, Millionen von einsamen Wölfen! Wirtschaftswunder, Vorwärtskommen, Durchstoßen zur Wolga! Aber die Russen haben es ihnen besorgt, da sind sie eigen geworden, und jetzt massakrieren sie sich gegenseitig. Armeen kleiner Raubtiere, mit Elektroden im Gehirn, wahnsinnig gewordene Ratten, die aufeinander losgehen, denn was für die Deutsche Bank gut ist, ist auch gut für Deutschland. Jemand anderes Knochen unter die Füße kriegen, das ist ihr ganzer Freiheitsdrang, daß sie die Nase mit vorn haben bei der ersten großen Inventur, wenn die Großen sich ans Ernten machen und die Konkursmasse einsacken, die Krämerläden und die Baugeschäfte, die Bauernhöfe und die Bergarbeiterwohnungen. Wart's ab. Du wirst sehen. Sie machen uns fertig, die Generalstäbler von einst, Zuwachsratengangster! Führungskräfte! Sie pumpen die Stadt voll mit Blech und unsere Lungen mit Bleigemisch, und wenn uns der Kreislauf in den Hosen steht, stecken sie ihr Geld in die Pharmazie und treten als Ärzte an den kranken Körper der Menschheit. Ah, Aussichten. Was für Gewölk. Bayer Leverkusen. Die Farbwerke Hoechst. Sie laden ihren Scheißdreck über unseren Köpfen und in unseren Lungenbläschen ab, und von den Pillen, die sie uns als Mittel dagegen verkaufen, bauen sich die Herren Villen am Meer und im Tessin. Was stört es sie, daß sie die halbe Welt zur Minna machen? Rußland? Verbrannte Erde? Pfuscharbeit. Jetzt werden Nägel mit Köpfen gemacht, ab mit dem Globus in die Steinzeit. Und ist es nicht großartig, das Kapital, arbeitet es nicht unermüdlich? Nie muckt es auf. Und erst der Boden! Hat der Boden je gestreikt? Nein, er schafft, er ackert, er wächst im Wert! Nur die Arbeit mosert herum, verdammte Arbeit. Soll sie nicht dankbar sein, daß es sie gibt?

60. Gabriel Laub: Spalte-Null

Schon die Mathematik lehrt uns, daß man Nullen nicht übersehen darf.

Die Null symbolisiert den absoluten Bauch, der keine anderen Organe braucht oder anerkennt.

»Wir, die wir Millionen darstellen«, sagen die Nullen.

Null bleibt Null, wo immer sie steht. Auf den Stellenwert kommt es an!

Die Stärke der Millionen beruht auf den Nullen.

Die Null errötete geschmeichelt. Jemand hatte ihr gesagt: »Sie sind die größte Null der Welt!«

Zur Wechselbeziehung zwischen Form und Inhalt: keine Ziffer hat eine so vollendete Gestalt wie die Null.

Der Unterschied zwischen zwei Nullen kann nicht gar so groß sein.

Irgendeine zornige Null erschuf in ihrem Ebenbild eine Galgenschlinge.

III. Theoretische Texte zur Satire

Die folgenden theoretischen Äußerungen zur Satire sind so angeordnet, daß sie auch zusammenhängend gelesen werden können. Thematisch schreiten sie vom Versuch der Begriffsbestimmung und Zielangabe über die Erörterung der Funktionen der Satire zur Frage nach ihrer Berechtigung und nach ihren Grenzen fort.

T 1.

Friedrich Schiller: Satirische Dichtung (Ausschnitt). Aus: F. Sch., Über naive und sentimentalische Dichtung (1795). Hrsg. von Johannes Beer. Stuttgart: Reclam 1969. (Reclams UB Nr. 7756 [2].) S. 42 f.

Satirisch ist der Dichter, wenn er die Entfernung von der Natur und den Widerspruch der Wirklichkeit mit dem Ideale (in der Wirkung auf das Gemüt kommt beides auf eins hinaus) zu seinem Gegenstande macht. Dies kann er aber sowohl ernsthaft und mit Affekt als scherzhaft und mit Heiterkeit ausführen, je nachdem er entweder im Gebiete des Willens oder im Gebiete des Verstandes verweilt. Jenes geschieht durch die *strafende* oder pathetische, dieses durch die *scherzhafte* Satire. [...]
In der Satire wird die Wirklichkeit als Mangel dem Ideal als der höchsten Realität gegenübergestellt. Es ist übrigens gar nicht nötig, daß das letztere ausgesprochen werde, wenn der Dichter es nur im Gemüt zu erwecken weiß; dies muß er aber schlechterdings, oder er wird gar nicht poetisch wirken. Die Wirklichkeit ist also hier ein notwendiges Objekt der Abneigung; aber, worauf hier alles ankömmt, diese Abneigung selbst muß wieder notwendig aus dem entgegenstehenden Ideale entspringen.

T 2.

Jürgen Brummack: Zu Begriff und Theorie der Satire. DVjs. Sonderheft 1971. S. 282

Die Satire hat drei konstitutive Elemente – ein individuelles: Haß, Wut, Aggressionslust, irgendeine private Irritation; ein soziales: der Angriff dient einem guten Zweck, soll abschrecken oder bessern und ist an irgendwelche Normen gebunden; und schließlich ein ästhetisches, das zwar in seiner Besonderheit von den beiden ersten bedingt ist, aber nicht einfach auf sie zurückgeführt werden kann. Auf eine Formel gebracht: Satire ist ästhetisch sozialisierte Aggression (*eine* Satire ein Werk, das ganz davon geprägt ist).

T 3.

Ulrich Gaier: Satire. Studien zu Neidhart, Wittenweiler, Brant und zur satirischen Schreibart. Tübingen: Niemeyer 1967. S. 346

In jedem Fall aber ist das Objekt der Satire nicht das einzige, was gemeint ist, sondern es vertritt nur dessen Stelle. Es muß also vom Satiriker als solches gekennzeichnet werden. Ein Objekt, das keine solche Kennzeichnung trägt, ist kein satirisches, und das Sprachwerk keine Satire; der Leser mag willkürlich den Bezug auf eine dem Objekt vergleichbare oder analoge Wirklichkeit herstellen und das Sprachwerk privat als Satire verstehen; es ist jedoch keine Satire, da sein Objekt nicht es selbst und zugleich Repräsentant, sondern nur es selbst ist.

T 4.

Georg Lukács: Zur Frage der Satire (1932). In: G. L., Essays zum Realismus. Werke. Bd. 4. Neuwied u. Berlin: Luchterhand 1971. S. 96 f.

Die Wirkung des Typischen erreicht die Satire gerade durch das im Kontrast der nichttypischen Einzelheiten und der inhaltlichen Wahrheit, Richtigkeit der ganzen Komposition gestaltete und unmittelbare und zugleich widerspruchsvolle Zusammenfallen von Erscheinung und Wesen. Also dadurch, daß die widerspruchsvolle Form in der inhaltlichen Richtigkeit ihres Widerspruchs zur Aufhebung gebracht wird. Die Widersprüche in der Form sind deshalb auch hier Widerspiegelung der dialektischen Widersprüche im Inhalt, aber diese Widerspiegelung erfolgt hier nicht in direkter, die Widersprüche einfach gestaltender Weise, sondern so, daß die Formgebung *in ihrer Struktur* den grundlegenden Widerspruch des Inhalts reproduziert. So entsteht eine dichterische Wirklichkeit, die sowohl in ihren Einzelzügen, wie in ihrer Gesamtheit eine richtige Widerspiegelung der Wirklichkeit ist, jedoch in der *Verknüpfung des einzelnen mit dem Ganzen*, also in ihrer Struktur von ihr abweicht, eine eigenartige, neue Wirklichkeit zu schaffen scheint. Diese Entfernung von der Wirklichkeit, die trotzdem eine richtige Reproduktion des *Wesens* der Wirklichkeit bleibt, dieses ständige Hin- und Herpendeln zwischen Wirklichem und »Unwirklichem« schafft den Eindruck des Grotesken, des Phantastischen. Freilich *nur* dann, wenn jenes »Unwirkliche« inhaltlich gerade das Wesen der Wirklichkeit ausdrückt; sonst muß das Phantastische in eine hohle und nichtige Spielerei mit verzerrten, mit willkürlich durcheinandergewürfelten Wirklichkeitselementen ausarten.

T 5.

Werner Neubert: Die Wandlung des Juvenal. Satire zwischen gestern und morgen. Berlin [Ost]: Dietz 1966. S. 18 f.

Das objektive Kriterium für den Wert einer Satire kann daher auch nicht einseitig darin gesehen werden, ob ihr Schöpfer ein erklärter Anhänger revolutionärer Umgestaltungen war, sondern es liegt wesentlich in der Frage, ob der Satiriker wenigstens eine reale *Tendenz* der objektiven geschichtlichen Entwicklung zu erfassen, unter Umständen auch nur zu »erahnen« und künstlerisch originell zu gestalten vermochte. Dabei kann die Satire nicht ausschließlich als eine (sich geschichtlich immer verändernde) ästhetische Negation des *sozial Überlebten* aufgefaßt werden, da wir sonst auch zwangsläufig auf den Standpunkt geraten, daß in ihr eigentlich immer nur eine Klasse vom Standpunkt einer anderen attackiert wird, womit die Satire im Sozialismus und Kommunismus bestritten würde. Es ist vielmehr immer die *Totalität der bedeutenden gesellschaftlichen und individuellen Widersprüche*, worin die Satire sich bewegt und aus der sie ihre Thematik, ihre Situationen und Figuren nimmt, also nicht einfach nur der gesetzmäßige soziale Antagonismus zwischen der niedergehenden und der aufsteigenden Klasse, sondern auch der ständige Widerspruch im gesellschaftlich Neuen, Progressiven, die Dialektik im Leben und Tun des Individuums im Schnittpunkt des gesellschaftlich Wichtigen und Bedeutsamen.

T 6.

Jörg Schönert: Roman und Satire im 18. Jahrhundert. Stuttgart: Metzler 1969. (Germanistische Abhandlungen 27.) S. 32 f.[1]

Die Satire stellt zum ersten verfestigte Wirklichkeitsvorstellungen in Frage. Sie greift »revolutionär« überlebte Formen des sozialen Lebens und der geistigen Welt an und will sie zerstören. Sie ist zum zweiten bestrebt, in Zeiten der sozialen Desorganisation neue Formen, Wertvorstellungen und Ordnungsprinzipien durchzusetzen. Die Satire fungiert hierbei als zukunftsweisendes »fortschrittliches« Moment. Zum dritten kann die Satire die Vitalität einer neu etablierten Orientierung zu demonstrieren suchen. Im Bewußtsein

1. Im Text enthaltene Literaturverweise wurden ausgelassen.

etablierter Normen entwickelt sie ferner konsolidierende Tendenzen, sucht Auswüchse und Abirrungen zu vereiteln und die bestehende Wertordnung zu bestätigen. Solche Präventivwirkungen der Satire führen jedoch – viertens – oft zur »restaurativen« Satire. Es geht ihr um die Aufrechterhaltung bedrohter, weil unzeitgemäßer Normen. Sie verweist nicht mehr auf ein Zukünftiges, sondern führt Rückzugsgefechte (vgl. z. B. für unseren Untersuchungszusammenhang Friedrich Nicolais späte satirische Romane). Schließlich – und fünftens – kann Satire aber auch ausschließlich auf die Wirklichkeit des Publikums bezogen sein, ohne Einflüsse auf die allgemeinen gesellschaftlichen Verhältnisse zu haben. Häufig artikuliert sie dann aufgestaute Ressentiments sowie Unlustgefühle und entschärft sie im literarischen Spiel-Bereich (vgl. die Rolle vieler zeitgenössischer Kabaretts).

T 7.

Johann Georg Sulzer: Allgemeine Theorie der Schönen Künste. Zweyter Theil. Leipzig 1774. Artikel: »Satire«. Aus: Satiren der Aufklärung. Hrsg. von Gunter Grimm. Stuttgart: Reclam 1975. (Reclams UB Nr. 9777 [5].) S. 198 f.

Aber es ist nun Zeit, daß wir den Nuzen dieser Art näher erwägen. Ich getraue mir nicht zu behaupten, daß Bösewichte, Narren und Thoren von allerley Art, gegen die die Satire eigentlich gerichtet ist, sich dadurch bessern lassen, wiewol auch nicht zu läugnen ist, daß mancher von ihnen wenigstens schüchtern gemacht, und in einigen Schranken gehalten werden könne. Die Hauptsache kommt auf die Würkung an, welche man auf den gesunden Theil der Leser machen kann. Ich habe bereits an einem andern Orte, wo ich nicht irre, hinlänglich gezeiget, was für gute Würkung die lachende und spottende Satire haben. Von der ernsthaftern züchtigenden Satire, kann man mit Grunde dieselbe Würkung erwarten. Selbst der Böswicht kann nicht leiden, daß er vor den Augen der Welt gepeitscht werde, und mich dünkt, daß nichts schreklicheres seyn könne, als öffentliche Schande: sie muß, sowol für den, der sie leidet, als für den, den sie warnet, wenn er nicht völlig aller Empfindung der Ehre beraubet ist, von sehr starker Würkung seyn. Würde man also zu viel sagen, wenn man den wahren Satiriker, der dem Endzwek der Satire Genüge leistet, für ein Geschenk des Himmels ausgäbe, womit einer ganzen Nation höchstwichtige Dienste geleistet werden? Ich sehe sie als Wächter an, die ihre Mitbürger für jeder sittlichen Gefahr auf das Nachdrüklichste warnen, und als öffentliche Streiter die sich jedem eingerissenen Uebel auf die würksameste Weise wiedersezen. Sie vermögen mehr, als äußerliche Gewalt, die nur den Ausbruch des Uebels auf eine Zeitlang hemmet, aber die Wurzel desselben nicht abschneidet. Es wäre wol möglich Erfahrungen darüber anzuführen; aber dieses ist für uns zu weitläuftig.

Ich getraue mir deswegen zu behaupten, daß die Satire wol eine besondere Aufmerksamkeit von Seite der gesezgebenden Macht, in jedem Staat verdiente. So wie die Selbstrache, in Fällen, wo die Geseze Genugthuung verschaffen, und das Pasquill[2], das in Privatfeindschaft gegründet ist, nothwendig in jedem ordentlichen Staat verbothen sind, so sollte auf der andern Seite der redliche Satirist, von den Gesezen geschützt werden.

T 8.

Zedlers Universal-Lexicon. Hrsg. von Johann Peter Ludewig. Leipzig 1731–54. Band 34, Artikel »Satyre«. Aus: Satiren der Aufklärung, a. a. O., S. 182

Und gewiß, wenn man die Sache genau erweget, so wird man befinden, daß die Gründe, womit man die Satyren rechtfertigen will, zu schwach sind. Denn man lasse es seyn, daß jemand eine vernünfftige Absicht dabey hätte, und

2. (anonyme) Schmäh-, Spottschrift.

durch solche spöttische und lächerliche Bestraffung die Thorheiten und Irrthümer der Menschen auszurotten suchte, welches schwer halten solte, daß keine Affecten wider gewisse Personen mit unterlauffen, so hält man doch dafür, daß man damit mehr schadet, als nutzet. Die denen Satyren das Wort reden, erwegen nicht, wie die Menschen geartet sind. Man belustiget sich wohl an der lächerlichen und spöttischen Vorstellung der Laster; daß aber andere dadurch solten bewogen werden, selbige abzulegen, daran zweiffelt man sehr. Bey Leuten, die einen gemeinen Geschmack haben, hält es desto schwerer, und dennoch will man fürgeben, ihrentwegen müsten sonderlich die Satyren verfertiget werden. Schont man auch der Personen nicht, denen gewisse Thorheiten ankleben sollen, so ist der Schade desto grösser. Man erwecket damit Zänckerey, Verbitterung, und indem sich allezeit Leute finden, die sich damit kützeln, so kan darüber in einer Republick grosse Unruhe entstehen.

T 9.

Johann Christoph Gottsched: Versuch einer Critischen Dichtkunst vor die Deutschen. Des II. Theils VI. Capitel: Von Satiren. Aus: Satiren der Aufklärung, a. a. O., S. 175 f.

Wie man leicht siehet, so setze ich hier zum voraus, daß ein Satirenschreiber ein Weltweiser sey, und die Lehre der Sitten gründlich eingesehen habe. Diese Eigenschafft desselben ist leicht zu erkennen, wenn man nur zehn oder zwanzig Zeilen einer solchen Satire lieset. Es gehört aber auch sonst ein reifes Urtheil und eine gute Einsicht in alles, was wohl oder übel steht, vor einen satirischen Dichter. Denn nicht nur das moralische Böse; sondern auch alle andre Ungereimtheiten in den Wissenschafften, freyen Künsten, Schrifften, Gewohnheiten und Verrichtungen der Menschen laufen in die Satire. Eine gesunde Vernunft und ein guter Geschmack ist also demjenigen unentbehrlich, der andre strafen will: damit sich nicht ein Blinder zum Führer des

andern aufwerfe. Man sieht aber auch ohne mein Erinnern schon, daß unschuldige natürliche Fehler nicht unter die Satire fallen. Z. E. Ein Höckerichter, Lahmer, Einäugigter, u. d. g. müssen von keinem rechtschaffenen Poeten ihrer Gebrechen halber verspottet werden. Noch thörichter wäre es, jemanden seine lange oder kurtze Person vorzurücken: gerade als ob es in eines Menschen Vermögen stünde, seiner Länge etwas zuzusetzen oder abzunehmen. Ja, wenn ein kleiner Kerl sich gar zu hohe Absätze machte, oder desto höhere Perrücken trüge, um grösser zu scheinen, als er ist: oder wenn ein langer Mensch krum und gebückt einher gienge, um kleiner auszusehen; So wäre beydes werth ausgelacht zu werden.
Es erhellet auch aus dem obigen, daß derjenige nicht den Nahmen eines satirischen Poeten verdiene; der bloß aus Neid, Rachgier oder andern Gemüths-Bewegungen angetrieben, jemanden in Schrifften angreifet. Solche Niederträchtigkeit wiederspricht dem Begriffe, den wir von einem Weltweisen haben: Und wo dieser aufhört, da hört auch der Satiricus auf; oder da wird er vielmehr zum Lästerer.

T 10.

Kurt Tucholsky: Was darf die Satire? (1919) Aus: K. T., Gesammelte Werke. Hrsg. von Mary Gerold-Tucholsky u. Fritz J. Raddatz. Bd. 1, S. 362. © Rowohlt Verlag GmbH, Reinbek bei Hamburg 1960.

> Frau Vockerat: »Aber man muß doch seine Freude haben können an der Kunst.«
> Johannes: »Man kann viel mehr haben an der Kunst als seine Freude.«
> *Gerhart Hauptmann*

Wenn einer bei uns einen guten politischen Witz macht, dann sitzt halb Deutschland auf dem Sofa und nimmt übel.
Satire scheint eine durchaus negative Sache. Sie sagt:

»Nein!« Eine Satire, die zur Zeichnung einer Kriegsanleihe auffordert, ist keine. Die Satire beißt, lacht, pfeift und trommelt die große, bunte Landsknechtstrommel gegen alles, was stockt und träge ist.
Satire ist eine durchaus positive Sache. Nirgends verrät sich der Charakterlose schneller als hier, nirgends zeigt sich fixer, was ein gewissenloser Hanswurst ist, einer, der heute den angreift und morgen den.
Der Satiriker ist ein gekränkter Idealist: er will die Welt gut haben, sie ist schlecht, und nun rennt er gegen das Schlechte an.
Die Satire eines charaktervollen Künstlers, der um des Guten willen kämpft, verdient also nicht diese bürgerliche Nichtachtung und das empörte Fauchen, mit dem hierzulande diese Kunst abgetan wird.
Vor allem macht der Deutsche einen Fehler: er verwechselt das Dargestellte mit dem Darstellenden. Wenn ich die Folgen der Trunksucht aufzeigen will, also dieses Laster bekämpfe, so kann ich das nicht mit frommen Bibelsprüchen, sondern ich werde es am wirksamsten durch die packende Darstellung eines Mannes tun, der hoffnungslos betrunken ist. Ich hebe den Vorhang auf, der schonend über die Fäulnis gebreitet war, und sage: »Seht!« – In Deutschland nennt man dergleichen »Kraßheit«. Aber Trunksucht ist ein böses Ding, sie schädigt das Volk, und nur schonungslose Wahrheit kann da helfen. Und so ist das damals mit dem Weberelend gewesen, und mit der Prostitution ist es noch heute so.
Der Einfluß Krähwinkels hat die deutsche Satire in ihren so dürftigen Grenzen gehalten. Große Themen scheiden nahezu völlig aus. Der einzige *Simplicissimus* hat damals, als er noch die große, rote Bulldogge rechtens im Wappen führte, an all die deutschen Heiligtümer zu rühren gewagt: an den prügelnden Unteroffizier, an den stockfleckigen Bürokraten, an den Rohrstockpauker und an das Straßenmädchen, an den fettherzigen Unternehmer und an den näselnden Offizier. Nun kann man gewiß über all diese

Themen denken wie man mag, und es ist jedem unbenommen, einen Angriff für ungerechtfertigt und einen anderen für übertrieben zu halten, aber die Berechtigung eines ehrlichen Mannes, die Zeit zu peitschen, darf nicht mit dicken Worten zunichte gemacht werden.

Übertreibt die Satire? Die Satire muß übertreiben und ist ihrem tiefsten Wesen nach ungerecht. Sie bläst die Wahrheit auf, damit sie deutlicher wird, und sie kann gar nicht anders arbeiten als nach dem Bibelwort: Es leiden die Gerechten mit den Ungerechten.

Aber nun sitzt zutiefst im Deutschen die leidige Angewohnheit, nicht in Individuen, sondern in Ständen, in Korporationen zu denken und aufzutreten, und wehe, wenn du einer dieser zu nahe trittst. Warum sind unsere Witzblätter, unsere Lustspiele, unsere Komödien und unsere Filme so mager? Weil keiner wagt, dem dicken Kraken an den Leib zu gehen, der das ganze Land bedrückt und dahockt: fett, faul und lebenstötend.

Nicht einmal dem Landesfeind gegenüber hat sich die deutsche Satire herausgetraut. Wir sollten gewiß nicht den scheußlichen unter den französischen Kriegskarikaturen nacheifern, aber welche Kraft lag in denen, welch elementare Wut, welcher Wurf und welche Wirkung! Freilich: sie scheuten vor gar nichts zurück. Daneben hingen unsere bescheidenen Rechentafeln über U-Boot-Zahlen, taten niemandem etwas zuleide und wurden von keinem Menschen gelesen.

Wir sollten nicht so kleinlich sein. Wir alle – Volksschullehrer und Kaufleute und Professoren und Redakteure und Musiker und Ärzte und Beamte und Frauen und Volksbeauftragte – wir alle haben Fehler und komische Seiten und kleine und große Schwächen. Und wir müssen nun nicht immer gleich aufbegehren (»Schlächtermeister, wahret eure heiligsten Güter!«), wenn einer wirklich einmal einen guten Witz über uns reißt. Boshaft kann er sein, aber ehrlich soll er sein. Das ist kein rechter Mann und kein rechter Stand, der nicht einen ordentlichen Puff vertragen kann.

Er mag sich mit denselben Mitteln dagegen wehren, er mag widerschlagen – aber er wende nicht verletzt, empört, gekränkt das Haupt. Es wehte bei uns im öffentlichen Leben ein reinerer Wind, wenn nicht alle übel nähmen.
So aber schwillt ständischer Dünkel zum Größenwahn an. Der deutsche Satiriker tanzt zwischen Berufsständen, Klassen, Konfessionen und Lokaleinrichtungen einen ständigen Eiertanz. Das ist gewiß recht graziös, aber auf die Dauer etwas ermüdend. Die echte Satire ist blutreinigend: und wer gesundes Blut hat, der hat auch einen reinen Teint.
Was darf die Satire?
Alles.

T 11.

Friedrich Christian Delius: Bemerkungen zur Methode. Aus: C. F. D., Unsere Siemens-Welt. Eine Festschrift zum 125jährigen Bestehen des Hauses S. Berlin: Wagenbach 1972. S. 105

Warum Festschrift? Bei der Überlegung, mit welcher Prosatechnik sprödes ökonomisches Material mit etwas Witz und literarisch wirksam verarbeitet werden könnte, bot sich diese Form an. Das methodische Prinzip dieser Festschrift ist die Nachahmung, die politische und literarische »Kunst, in anderer Leute Köpfe zu denken« (Brecht). In diesem Fall sind es die Köpfe der Unternehmer und Manager der Siemens AG. Die Übung dieser Kunst wurde durch die Vielfalt des Materials (vgl. Quellenverzeichnis) sehr erleichtert. Da ich zugleich möglichst viele Fakten, die mir wichtig schienen, einarbeiten wollte, wird der Witz der Sache möglicherweise durch Faktenhäufung hin und wieder gefährdet.
Zahllose Siemens-Original-Zitate und Satzelemente sind in den Text einmontiert – diese Stellen wurden jedoch nicht durch Kursivsatz gekennzeichnet, weil die wörtlichen Zitate und die nachempfundenen »Zitate« bei dieser Darstellungsart nicht zu trennen sind. Der Stil (vom ausschweifenden Selbstlob bis zum Understatement) sollte als Ideologieträger

kenntlich gemacht werden. Die großen ideologischen Ausbrüche weichen selten von belegbaren Äußerungen führender Wirtschaftler ab. Der Festschriftton wurde durch das »Wir« und das Mittel des Euphemismus hergestellt: Die beschönigende Umschreibung von Fakten, das Selbstlob auch bei heiklen, widersprüchlichen Fragen, incl. die selbstlobende Selbstkritik.
Daß diese Festschrift trotzdem anders ausfällt als eine denkbare echte Siemens-Festschrift, hat gute Gründe. Natürlich ist meine Festschrift »einseitig« – aber weniger einseitig als die mir bekannten Selbstdarstellungen der Siemens AG. Warum? Die Unternehmersprache (bzw. die Sprache dienstbarer Firmen-Schriftsteller) läßt die Unternehmerinteressen zumindest öffentlich nicht hinter dem Nebel des Allgemeinwohlgeredes hervortreten, allenfalls aus Versehen; deshalb habe ich solche Versehen bewußt konstruiert. Ein zweiter Unterschied: Ich habe (was echte Fest-Schriftsteller vermeiden) die kapitalistische Ideologie mit der kapitalistischen Praxis konfrontiert. Daß dabei aufklärende Effekte entstehen, die sich antikapitalistisch auswirken, ist nichts Neues; und natürlich habe ich besonders gern solche Fakten ausgewählt, die zu der Ideologie der freien Marktwirtschaft und dem sozialen Anspruch des Siemenskonzerns im Widerspruch stehen.
Hier liegt aber auch das größte methodische Problem. Mit dem Instrument dieser Sprache, die ihre Absichten gewöhnlich verblümt, lassen sich selten präzise Aussagen machen, können die grundlegenden Interessen und Widersprüche eines Großkonzerns nur unzureichend deutlich gemacht werden. Deshalb muß es öfter mal zu Verfremdungen und zu Brüchen kommen. An mehreren Stellen werden Leser, die nach Einheit der Form verlangen, sagen: »Das würden die Autoren der Siemens AG nie schreiben.« Gewiß. Aber mir liegt nichts an der Leser-Illusion, es handle sich um eine Festschrift, die einer echten Siemens-Festschrift möglichst nahe kommen soll – sondern ich benutze die Form Festschrift instrumentell, als Kunstform. [. . .]

IV. Einführung in den Gegenstand

1. Absicht

Satirische Schreibart kann verstanden werden als der Versuch, jemanden oder etwas zum Gegner zu erklären und sodann das Opfer mit Worten zu erledigen, indem man es der Lächerlichkeit preisgibt. Dazu gehören ein aggressives Temperament, ein Opfer, das den Aufwand rechtfertigt, und ein treffsicherer Stil. Es handelt sich bei solchen Auseinandersetzungen nicht um Scheingefechte, um Spielereien in einem abgegrenzten Bereich der Kunst, sondern der Satiriker sucht seinen Gegner in der außerliterarischen Wirklichkeit und verspricht sich von seinem schriftstellerischen Angriff reale Folgen. Er spürt das Schlechte und das Gefährliche auf, stellt es bloß, damit es erkannt, bekämpft und beseitigt werden kann. Er will, daß der Leser auf seiner Seite Partei ergreift.

Hier treten aber Schwierigkeiten auf. Wird der Leser das Tadelnswerte im angegriffenen Gegenstand sehen? Wird er sich dafür überhaupt interessieren, wenn er gar keinen Bezug zum Gegenstand hat? Nicht alles, was dem Satiriker bekämpfenswert scheint, erscheint so auch dem Leser (vgl. Nr. 20, 27, 30, 41). Der Satiriker wird um so mehr Verständnis finden, je allgemeiner bekannt die Person oder die Mißstände sind, denen sein Angriff gilt, und je mehr es ihm gelingt, dem Leser klarzumachen, daß auch er zu den Betroffenen gehört. Eine zweite Schwierigkeit schließt sich an. Je stärker der Inhalt auf einen speziellen Fall bezogen ist, desto begrenzter ist der Wirkungsradius, da die Erinnerung an die Umstände rasch verblaßt, Verständnis und Interesse damit zurückgehen (vgl. Nr. 38, 39, 40). Wenn andererseits die Aussage zu allgemein gehalten wird, läßt sich die beabsichtigte Angriffsrichtung kaum mehr vermuten; der Text wirkt dann nur noch satirisch, wenn der Leser von sich aus einen betreffenden Bezug hineinlegt.

(Vgl. Nr. 60. Lesen Sie den Text ein zweites Mal nach Lektüre von Nr. 53.)

2. Themen

Die Spannweite der Möglichkeiten von der Kritik am speziellen Mißstand bis zur allgemeinsten Anklage der gesamten Weltordnung spiegelt sich in den traditionellen Themen und Gegenständen der Satire, wirkt aber auch auf den Ton und die Schlagkraft des einzelnen Texts. Ein persönliches Laster, einen lokalen Mißstand kann man durch Kritik zu korrigieren hoffen und deshalb den Gegenstand spöttisch-witzig behandeln, indem man dem Leser schon im Vorgriff das Gefühl der Überlegenheit verschafft. Dieser soll den Gegenstand zwar als ärgerlich und schädlich erkennen, muß sich von ihm aber nicht unmittelbar bedroht fühlen (vgl. Nr. 27, 30, 41). Allerdings nimmt für den Satiriker ein scheinbar harmloser Einzelfall oft die Bedeutung eines Musterbeispiels für eine verbreitete Erscheinung an, das als solches durchaus Gefahr signalisieren soll (z. B. in Nr. 9; vgl. auch T 3). Im Gegensatz zu solchen punktuellen Angriffen kann der Satiriker als Ziel aber auch eine Gesellschaftsordnung oder schließlich die Menschheit, die Weltordnung insgesamt wählen. Während die Bedrohlichkeit der dargestellten Mißstände für den Leser steigt und diesem damit zunehmend weniger nach Spott und Lachen zumute ist, verliert die Satire gleichzeitig ihre aktivierende Wirkung dadurch, daß bei allgemeiner Verbreitung des Mißstands keine Ansatzpunkte für eine Änderung mehr zu sehen sind. Eine solche Satire erzeugt, entgegen ihrer eigentlichen Wirkungsabsicht, Resignation. Der Satiriker muß deshalb stets versuchen, durch die Darstellungsweise dem Leser die durch den dargestellten Gegenstand ausgelöste Unlust erträglich zu machen (vgl. Nr. 33, 37). Dies geschieht vordergründig mit den Mitteln der Komik, im übrigen aber durch das Beispiel der geistigen Freiheit und Überlegenheit gegenüber dem bedrückenden Gegenstand, das der Satiriker in seiner Darstellung selbst gibt.

Innerhalb der ganzen Bandbreite möglicher satirischer Gegenstände konkretisieren sich bestimmte Themenbereiche, die durch Jahrhunderte verhältnismäßig konstant geblieben sind und sich – vom Einzelnen zum Allgemeinen aufsteigend – wie folgt darstellen lassen:

- individuelles, aber typisch gemeintes Fehlverhalten, Laster und Schwächen (Nr. 2, 9, 17, 24, 25, 26, 53); mit besonderer Akzentuierung stellt diese Thematik die *Narrensatire* dar, die vom Spätmittelalter bis ins beginnende 18. Jahrhundert die verbreitetste Spielart der Satire war;[1]
- Fehlverhalten von Gesellschaftsständen oder Berufsgruppen (als Ständesatire alter Art in Nr. 45, sonst durchgehend in Textgruppe A);
- die Gesellschaftsform, vor allem a) als Herrschaftsform (Nr. 33, 46, 47, 48, 53, 54), b) als Wirtschaftsform oder deren Auswirkungen (Nr. 27, 29, 31, 32, 57, 58), c) in ihren Institutionen. Bevorzugte Gegenstände waren insbesondere Kirche und Geistlichkeit (Nr. 7), das Militär (unter anderen Gegenständen in Nr. 55), später die Schule (Textgruppe B);
- die Unvollkommenheit und Schlechtigkeit der Menschheit, meist im Blick auf ein bestimmtes Land demonstriert[2], lange Zeit mit Vorliebe auch an den Frauen exemplifiziert. (In diese Tradition gehören noch, unter einem eingegrenzten Blickwinkel, die Texte Nr. 21, 22.)

Von unterschiedlicher Allgemeinheit und von den bisher genannten Themenbereichen nicht immer klar zu trennen sind die häufigen Auseinandersetzungen der Satiriker mit der Tagespolitik und literarischen Gegnern.

Beide Bereiche sind gekennzeichnet durch unmittelbaren Bezug zu aktuellen Ereignissen und Tendenzen und zeigen sehr direkte Wirkungsabsichten. Die *Literatursatire* ist, als

1. Vgl. dazu Sebastian Brant: Das Narrenschiff (Reclams UB Nr. 899 [6] und Abraham a Sancta Clara: Wunderlicher Traum von einem großen Narrennest (Reclams UB Nr. 6399).
2. Vgl. dazu Jonathan Swift: Gullivers Reisen (Reclams UB Nr. 7630) und Voltaire: Candid (Reclams UB Nr. 6549 [2]).

Kampf der Literaten in eigener Sache, sehr verbreitet. Sie erscheint in dieser Auswahl nicht, weil sie fast immer genaue Kenntnis des Gegners und der Hintergründe voraussetzt. In den Zusammenhang literarischer Auseinandersetzungen gehören allerdings die Texte Nr. 24 und Nr. 8 – der erste ist auf dem Hintergrund der Abrechnung Heines mit der Romantik zu sehen, der zweite im Rahmen der Fehde zwischen Karl Kraus und der Presse, deren verantwortungslose und tendenziöse Berichterstattung er immer wieder anprangerte.

3. Tendenz

Wem dienen satirische Texte? Die Satiriker nehmen – oft mit viel Pathos – für sich in Anspruch, dem Fortschritt, der Gesellschaft, dem Staat oder der Menschheit nützlich zu sein (vgl. dazu T 7, 10, 11). Diese Auskunft darf allerdings nicht unbesehen hingenommen werden, denn Satire ließ sich seit jeher zu Gegensätzlichem gebrauchen: Sie konnte bestehende Mißstände angreifen, konnte dem Ohnmächtigen und Unterdrückten als letztes Kampfmittel dienen, konnte zur Sprache bringen, was in anderer Form nicht geäußert werden durfte. Sie konnte aber auch die Macht gegen die Ohnmacht, die Mehrheit gegen die Minderheit verteidigen, konnte das Bestehende gegen Kritik und Reformbestrebungen in Schutz nehmen. Häufig war der Satiriker des Beifalls eher gewiß, wenn er seinen Hohn über einen Außenseiter oder über das ungewohnte Neue goß, als wenn er Etablierte attackierte oder eingefahrenen Trott wieder in schnellere Bewegung zu bringen, selbstverständlich Gewordenes in Frage zu stellen versuchte (vgl. Nr. 19–23). Dabei ändern sich die Angriffsziele – bei weitgehend gleichbleibendem Grundbestand der Themen – ebenso wie die Art der Darstellung mit der Gesellschaftsform und entsprechend dem Maß an Freiheit, das der schriftstellerischen Äußerung jeweils zugestanden wird (vgl. dazu insbesondere die Textgruppen F, G).

Grundsätzlich ist bei der Lektüre satirischer Texte festzuhalten, daß der Verfasser anprangert und der Lächerlichkeit preisgibt, was *er* für falsch und unerträglich hält, und daß sein Ziel ist, im Leser dieselbe Meinung hervorzurufen oder zu bestärken. Das gelingt ihm um so besser – falls der Leser nicht ohnehin schon seiner Meinung ist –, je weniger er seine eigentliche Absicht erkennen läßt und je mehr Möglichkeiten er dem Leser gibt, sich mit dem Standpunkt des Autors zu identifizieren. Da nun, wie oben ausgeführt, satirische Texte durchaus gegensätzliche Tendenzen vertreten können, ist es notwendig, sie kritisch zu lesen, d. h. den Standpunkt festzustellen, den der Satiriker vertritt (die *Norm*, an der er den kritisierten Gegenstand mißt), und nach der Absicht zu fragen, die er mit seinem Text verfolgt.
Zwei grundsätzliche Möglichkeiten hat der Satiriker, den Leser zur Identifikation mit seinem Standpunkt zu veranlassen. Zum einen kann er offen eine Norm zu erkennen geben, von der er annimmt, daß der angesprochene Leser sie teilt. Zum andern kann er versuchen, sich selbst als Sprecher in einer Rolle zu präsentieren, die beim Leser besondere Glaubwürdigkeit genießt. Hinsichtlich der Norm kann sich der konservative Satiriker auf das Gewohnte, Übliche, auf die Konventionen und Regeln berufen, von denen er annehmen darf, daß auch der Leser sie sich zu eigen gemacht hat und deshalb Abweichungen negativ bewerten wird (vgl. Nr. 38). Der auf Veränderung abzielende Satiriker muß dagegen gerade versuchen, den vom Festhalten am Gewohnten ausgehenden Widerstand durch die Berufung auf eine höhere Norm auszuschalten. Als solche bieten sich die Vernunft oder die Menschlichkeit an. Der Satiriker versucht, sein Opfer dadurch der Kritik auszusetzen, daß er es der Unvernunft, der Brutalität überführt, daß er die absurden Konsequenzen scheinbar sinnvoller Ansichten oder Handlungen vor Augen führt (Nr. 8, 29), Menschenschinderei und Ausbeutung hinter glänzender Fassade aufdeckt (Nr. 51, 52) oder zeigt, wie Pedanterie zur

Schikane wird (Nr. 9). In vielen Texten konkretisieren sich diese übergreifenden Normen in einfachen Grundsätzen: daß der Kunde zuverlässig und reell bedient und nicht übervorteilt werden soll (Nr. 1, 2), oder daß Fehlentwicklungen staatlicher Bürokratie verhindert werden müßten (Nr. 41).

Die Feststellung der vom Satiriker vertretenen Norm wird häufig dadurch erschwert, daß er seine Meinung nicht direkt zu erkennen gibt, sondern sich der vielfältigen Mittel der Indirektheit bedient (siehe Abschnitt 6). Ein satirischer Text ist aber erst dann richtig verstanden, wenn es gelungen ist, die Norm zu erkennen.

Die Verwendung einer Rolle zur Erhöhung der Glaubwürdigkeit ist meist eng mit der vertretenen Norm verknüpft. So bedient sich der Satiriker, der Unvernünftiges in seinem Gegenstand aufdecken will, oft einer Rolle, die den »gesunden Menschenverstand« verkörpert, indem er beispielsweise einen »Mann aus dem Volk«, ein kleines Kind oder einen Fremden den Gegebenheiten des Landes naiv gegenüberstellt. Während in solchen Fällen der Satiriker seine Position als die einfachste, ursprünglichste, nächstliegende erscheinen lassen will, kann er umgekehrt auch versuchen, seine Glaubwürdigkeit dadurch zu erhöhen, daß er sich als Autorität zeigt – entweder, indem er sich eine solche Rolle direkt zuschreibt (z. B. Delius durch den Hinweis auf gründliches Quellenstudium, T 11) oder indirekt zu erkennen gibt (z. B. durch Bibelzitate, Nr. 52). Zielt der Satiriker allerdings nicht darauf ab, daß der Leser seinen Standpunkt möglichst übernimmt und sich mit ihm identifiziert, sondern verspricht er sich im Gegenteil mehr Wirkung davon, den Leser seine eigenen Schlußfolgerungen ziehen zu lassen, so kann er sich einer distanzschaffenden Rolle bedienen, etwa der eines etwas zweifelhaften Außenseiters (Nr. 29, 49).

4. Der dargestellte Widerspruch

Der Satiriker stellt seinen Gegenstand nicht um seiner selbst willen, sozusagen »neutral« dar, sondern in der Absicht, ihn der Kritik auszusetzen, seine Mängel sichtbar zu machen, – mit Schiller zu sprechen – »den Widerspruch der Wirklichkeit mit dem Ideale« zu zeigen. Seine besondere Aufgabe besteht darin, nicht wie der Kritiker *über* diesen Widerspruch zu sprechen, sondern ihn unmittelbar sichtbar und sinnfällig zu machen, so daß jeder ihn ohne weitere Erläuterungen als solchen erkennt. »Überall beruht die Wirkung solcher Fälle darauf, daß die Entlarvung einer nichtigen Erscheinungsform durch das plötzliche In-Erscheinung-Treten ihres Wesens mit einem Schlag, *unmittelbar*, ohne Reflexion, ohne Einschaltung von Zwischengliedern bewerkstelligt wird.«[3] Das grundlegende Darstellungsmittel der Satire ist demnach der *Kontrast*, die Gegenüberstellung. Das, was ist (die Wirklichkeit), wird gemessen an dem, was sein soll (Norm, Ideal). Der Kontrast, der sich bei dieser Gegenüberstellung ergibt, wirkt meist komisch. Der Satiriker versucht, diese Wirkung nach Möglichkeit zu steigern. Am erfolgreichsten ist er, wenn es ihm gelingt, seinen Gegenstand dadurch lächerlich zu machen, daß er zeigt, wie groß der Kontrast ist zwischen dem, was der Gegenstand zu sein vorgibt, und dem, was er wirklich ist. Der Satiriker macht deshalb das Große klein (Nr. 26), erweist das scheinbar Wertvolle als wertlos (Nr. 57, 58), das scheinbar Harmlose als gefährlich (Nr. 37, 42–44), zeigt den Widerspruch zwischen Worten und Taten, Taten und ihren Folgen; er macht sichtbar, wo der Mensch zum Tier (Nr. 54, 57) oder zum Automaten reduziert wird. Er stellt eine falsche Ordnung in Frage, indem er sie mit grenzenloser Unordnung konfrontiert (Nr. 55), indem er die scheinbar gemütliche Idylle umschlagen läßt ins Ungemütliche (Nr. 56).

3. G. Lukács: Zur Frage der Satire. In: Werke. Bd. 4. Neuwied u. Berlin 1971. S. 92.

Häufig prägt der Widerspruch auch das Sprachmaterial: Wörter aus weit auseinanderliegenden Bereichen werden verbunden (Nr. 7, 34), unvereinbar scheinende Stilebenen werden gemischt (Nr. 22), ungewöhnliche Wortschöpfungen (Nr. 41) und Vulgärausdrücke (Nr. 23) sollen den Leser überraschen und schockieren, sprechende oder übelklingende Namen auf schlechte Eigenschaften des Trägers aufmerksam machen (z. B. bei den Königreichen »Pipi« und »Popo«, Nr. 51). Diese sprachlichen Mittel erfüllen aber auch noch eine andere Funktion. Man muß davon ausgehen, daß der Satiriker seinem Leser im allgemeinen bekannte Gegenstände vorführt, daß er sie ihm aber in einem ungewohnten Lichte zeigen will, damit die Fehler und Mängel des Gegenstands sichtbar werden. Dazu muß er den Leser überraschen, ihn aus seiner gewohnten Sehweise locken. Um diesen Zweck zu erreichen, bedient er sich vielfältiger Mittel, die man unter dem Begriff »Verfremdung« zusammenfassen könnte.[4] Dieses auch sonst in der neueren Literatur häufig angewandte Mittel wird in der Satire insofern spezifisch eingesetzt, als die Überraschungseffekte im günstigen Fall aus Kontrasten entspringen, die ihrerseits auf den Grundwiderspruch zwischen den Eigenschaften des angegriffenen Gegenstands und der Norm zurückverweisen. Aus diesem Grund können die Elemente der Verfremdung meist auch als Hinweis in der nicht immer leicht zu entscheidenden Frage dienen, ob ein bestimmter Text satirisch gemeint ist. Die Frage ist zu bejahen, wenn die festgestellten Elemente gleichgerichtet sind und sich zu einer bestimmten Tendenz addieren lassen und wenn ferner diese Tendenz als Kritik an einem (zur Zeit der Abfassung) aktuellen Stück Wirklichkeit verstanden werden kann.

4. H. Helmers: Lyrischer Humor, Stuttgart 1971, S. 22–28, setzt Verfremdung und Satire geradezu gleich.

5. Stilmittel

Vereinfachend kann man den Grundsatz aufstellen, daß der Satiriker den Widerspruch, den er in seinem Gegenstand zeigen will, mit seinen sprachlichen Mitteln sichtbar machen muß. Er erreicht dies, indem er Gegensätzliches zusammenbringt, Unvereinbares verbindet, die Erwartungen des Lesers in eine bestimmte Richtung lenkt und dann plötzlich umbiegt. Die im folgenden aufgeführten Stilmittel dienen dieser Absicht. Sie können jeweils sowohl im Bereich des sprachlichen Ausdrucks (von der phonologischen bis zur syntaktischen Ebene) als auch im Bereich der Bedeutungen und Vorstellungen verwendet werden. Der so entstandene Text enthält Abweichungen gegenüber dem normalerweise zu Erwartenden, ist also »verfremdet«.

Gegenüberstellung	Montage (innerhalb des Texts oder im Kontext) Hinzufügung, Erweiterung Antithese Paradoxon Auslassung Mischung, heterogene Fügung Vergleich, (ausgesprochene) Gleichsetzung
Vertauschung	»Verkehrte Welt« Scheinlogik Wortspiel

Verzerrung (Karikatur)	der Quantität der Qualität	des Gegenstands, seiner Bedeutung, seiner Handlungen bzw. Folgen

Ersetzung	(unausgesprochene) Gleichsetzung Metapher, Metonymie Umschreibung Doppelsinn, Anspielung Ironie

Festzuhalten ist, daß keines dieser Stilmittel an und für sich »satirisch« ist, sondern daß es eine solche Funktion erst dann erfüllt, wenn der dargestellte Widerspruch einen erkennbaren Bezug zur außersprachlichen Wirklichkeit hat.
Der Leser wird von den vier Stilmitteltypen unterschiedlich stark gefordert. Am einfachsten ist die Form der *Gegenüberstellung*, da sich hier die vom Satiriker intendierte Erkenntnis unmittelbar aus dem Kontrast ergibt. Bei der *Vertauschung* muß der Leser jeweils zunächst die ihm vertraute Ordnung wiederherstellen, um dabei zu entdecken, daß diese nicht so selbstverständlich hingenommen werden darf, wie ihm dies zuvor schien. Bei der *Verzerrung* muß der Leser feststellen, ob die Veränderung einen negativen Zug im Gegenstand der Satire hervorhebt, der für diesen charakteristisch ist, ob also Wesentliches zum Vorschein gebracht wird. Dazu muß, mehr oder weniger unbewußt, das Zerrbild mit dem Urbild verglichen werden. Die Formen der *Ersetzung* stellen an den Leser die höchsten Anforderungen, da das Gemeinte nicht ausdrücklich erscheint, sondern jeweils mitgedacht werden muß. Es ergibt sich im Grunde auch hier eine Gegenüberstellung, nämlich von Gesagtem und Gemeintem, aber sie erfolgt nicht im Text, sondern wird vom Leser geleistet.
Die bisher genannten Stilmittel lassen sich unter dem Gesichtspunkt ihrer Funktion zusammenfassen unter den Begriffen *Bloßstellung, Übertreibung, Herabsetzung.*
Die übergreifende Funktion ist die der *Bloßstellung.*[5] Der Satiriker will dem Leser vor Augen führen, daß der Gegenstand nicht das ist, was er zu sein vorgibt. Dabei kann er davon absehen, diesen Wort für Wort und in allen Details richtig zeigen zu wollen. Er erhebt aber den Anspruch, die

5. Dieser Begriff verdient gegenüber dem häufiger verwendeten »Entlarvung« den Vorzug, da dieser impliziert, daß das Opfer sich bewußt hinter falschem Schein verstecke. Außerdem bewertet »Entlarvung« den satirischen Angriff von vornherein positiv als Aufklärung und schließt die Möglichkeit aus, daß der Satiriker einem Irrtum aufgesessen sein oder Verleumdung und Privatrache im Sinn haben könnte.

in seinen Augen wesentlichen Mängel des Gegenstands in ihrer schlechten oder gefährlichen Wirklichkeit richtig dargestellt zu haben. Er will gerade durch die Verkürzung oder Verzerrung der gewohnten Erscheinung seines Gegenstands dessen Wesen sichtbar machen.
Unter diesem Gesichtspunkt hat auch die *Übertreibung* die Funktion, einen gefährlichen oder schlechten Zug im Gegenstand, der normalerweise übersehen wird, deutlich ins Bewußtsein zu heben. Dabei kann die Übertreibung entweder durch Verzerrung der Erscheinung des Gegenstands erfolgen (Nr. 25) oder durch die übersteigerte Darstellung der Auswirkungen, die dieser bzw. sein Handeln haben könnten (Nr. 42–44) oder wirklich haben (Nr. 52). Schließlich ist die *Herabsetzung* eine Grundfunktion der satirischen Darstellung, da es ja dem Satiriker immer darum geht, seinen Gegenstand schlechter, niedriger, gefährlicher, verabscheuungswürdiger zu zeigen, als dieser sich gibt. In der direkten Satire rückt die Herabsetzung in die Nähe der Schelte und der Diffamierung (Nr. 59). Die Satire stößt hier an ihre Grenze. Wieweit ein solcher Text überhaupt noch als satirisch bezeichnet werden kann, ist danach zu beurteilen, wieweit in seinen Darstellungsmitteln die Widersprüche anschaulich werden. Bei den indirekten Formen der Satire lassen vor allem die Stilmittel der Ersetzung in Wortwahl und Motiven die herabsetzende Tendenz erkennen, so in Nr. 54 die implizierte Gleichsetzung der preußischen Bürger mit Hunden, in Nr. 57 die Gleichsetzung der Staatsbürger mit gefangenen Vögeln, der Herrschenden mit Raubvögeln. Schließlich kann eine herabsetzende Absicht auch durch die Wahl der Textsorte signalisiert werden (Nr. 36, 39).

6. Indirektheit

Der Satiriker kommentiert im allgemeinen die von ihm angeprangerten Mißstände nicht direkt (Ausnahmen sind direkte, nennende Satiren, z. B. Nr. 19–26, 40, 59), sondern stellt sie nur dar. Er tut dies aber so, daß möglichst jeder Leser aus der Darstellung eine bestimmte Schlußfolgerung im Sinne des Autors zieht, etwa bei Nr. 28, daß die Aktion »Volksaktie« ein Reinfall war und den kleinen Leuten Hoffnungen gemacht wurden, die sich nachher nicht erfüllten. Der Satiriker überläßt aber diese Feststellung dem Leser. Insofern gehört die Indirektheit der Aussage zu den Grundelementen der Satire und unterscheidet sie insbesondere von der Kritik. Das Gesagte weicht vom Gemeinten oft weit ab, so daß der Leser dieses nur durch Nachdenken erschließen kann. Besonders schwierig ist dies bei dem am häufigsten benützten Mittel der Indirektheit, der *Ironie*, bei der das Gegenteil von dem gesagt wird, was gemeint ist. So erscheint zunächst als Lob, was als scharfe Kritik gedacht ist (Nr. 3, 4, 14, 32), als Scherz, was bitterer Ernst ist (Nr. 33, 51), als dummdreiste Begeisterung oder als Zynismus, was eben diese Geisteshaltungen bloßstellen will (Nr. 34, 2). Der Leser ist auf »Rückübersetzungssignale«[6] angewiesen, wenn er herausfinden will, wie das Dargestellte nach der Absicht des Autors verstanden werden soll. Als solche Signale können Übertreibungen und Unwahrscheinlichkeiten dienen, im einzelnen auch alle im vorigen Abschnitt aufgezählten Stilmittel, wenn sie im Text in auffälliger Weise verwendet werden.

Unter die Stilmittel der Indirektheit zählt auch die *Metapher*. Nicht der gemeinte Begriff wird genannt, sondern ein anderer, der mit ihm in bestimmten Bedeutungsmerkmalen übereinstimmt. Die Auflösung wird um so schwieriger, je geringer die Übereinstimmung ist. Häufig werden Wortspiele verwendet, bei denen erst der Zusammenhang die mögliche metaphorische Bedeutung in den betreffenden Wörtern freisetzt (Nr. 29, 34, 41, 50, 57). Die Metapher leistet im kleinen, was der satirische Text im ganzen bezweckt: durch Überbetonung einen negativen Zug im angegriffenen Gegenstand hervorzuheben und als negativ zu

6. U. Gaier: Satire. Studien zu Neidhart, Wittenweiler, Brant und zur satirischen Schreibart. Tübingen 1967. S. 394, 424.

kennzeichnen. Dasselbe Prinzip liegt zugrunde, wenn in umgangssprachlicher Schimpfrede Mitmenschen auf Grund bestimmter Eigenschaften oder Handlungen mit Tiernamen bedacht werden. Sofern dies bewußt und gezielt geschieht, handelt es sich sozusagen um »Mini-Satire«.
Auch *Doppeldeutigkeit* kann als Stilmittel der Indirektheit verwendet werden. So sind in Text Nr. 23 die Ausdrücke »Hosen runter« und »in den Sack stecken« im Zusammenhang zweifellos auf Kleidungsstücke (Sackkleid) zu beziehen. Durch die mitschwingende umgangssprachliche Bedeutung soll aber angedeutet werden, wie autoritär und brutal die Modeschöpfer mit den Frauen umspringen. Bei Brecht (Nr. 37) soll die Doppeldeutigkeit einerseits auf ein spezifisches Merkmal der Propaganda verweisen; andererseits hat sie in der besonderen Situation der Entstehungszeit auch Schutzfunktion.
Während es sich bei den bisher genannten Stilmitteln der Indirektheit um Stilmittel im eigentlichen Sinn handelt, betrifft die *Verkleidung* die Anlage des ganzen Texts. Situation und handelnde Figuren werden so eingekleidet, daß der Leser erst eine Übertragung vornehmen muß, um zu erkennen, wer in Wirklichkeit getroffen werden soll. Leicht aufzulösen ist die Verkleidung in den Texten Nr. 47 und 48, wenn man die Lektüre von Fabeln gewöhnt ist; auch bei Text Nr. 54 ist die Übertragung vom Tier auf den Menschen einfach, weil die Textsorte »Verfassung« einen eindeutigen Hinweis gibt. Die Textsorte kann ihrerseits als Verkleidung dienen, wenn z. B. eine Kritik an der Parteiherrschaft des Dritten Reichs als Märchen erscheint (Nr. 36) oder wenn ein Wahlkampfflugblatt der Opposition (Nr. 39) politische Vorgänge in der Regierung in der Form eines Kinderlieds behandelt. Die Funktion der Verkleidung ist in den genannten Fällen jeweils eine andere. Bei Glassbrenner (Nr. 54) hat sie Schutzfunktion; die satirische Aussage versteckt sich völlig hinter der Fiktion. Beim neu erzählten Rotkäppchen-Märchen ist die Schutzfunktion durch die Nennung der speziellen Parteivokabeln aufge-

geben. Die Märchenform hebt hier hervor, wie die Durchorganisierung des öffentlichen Lebens alle Bereiche erfaßt hat und offenbar selbst vor der Märchenwelt nicht haltmacht. Man kann den Text aber ebenso als Parodie auf die damalige Gleichschaltung auch des literarischen Lebens, und hier namentlich der Presse (Verwendungszusammenhang dieses Texts!), lesen. Das Wahlkampfflugblatt wiederum versucht, mit der Form des Kinderlieds das Niveau des politischen Gegners zu kennzeichnen und durch den bekannten Inhalt des Originals die Zwangsläufigkeit des Geschehens zu betonen.
Der Verkleidung nahe verwandt ist das Mittel der *räumlichen* oder *zeitlichen Verschiebung*. In Text Nr. 43 findet sich eine märchenartige Einkleidung, die aber in erster Linie die Funktion hat, eine auf die Gegenwart zurückblickende zeitliche Perspektive herzustellen und das, was mit den Notstandsgesetzen in naher Zukunft geschehen könnte, als märchenhafte Vergangenheit zu zeigen. Auch in Text Nr. 38 soll ein zeitlicher Vorgriff auf das Jahr 2001 die möglichen Konsequenzen heutiger Gesetzgebung veranschaulichen. Mit doppelter Indirektheit bringt Traxler in Text Nr. 44 seine Kritik an den Notstandsgesetzen vor: Er benützt als Verkleidung die Form eines Fibeltextes und läßt dann die Handlung in der Zukunft spielen. Als häufigste *räumliche* Verschiebung erfolgt die Ansiedlung der Handlung in einem fiktiven Land, das bei Meckel (Nr. 58) das »Land der Umbramauten« heißt, bei Holthaus (Nr. 15) die »Zachurei«; bei Glassbrenner (Nr. 54) lernen wir die Stadt »Oheu« kennen. Der Vorteil dieser Methode ist, daß der Autor zum einen seiner Phantasie freien Lauf lassen kann. Zum andern läßt sich nicht beweisen, daß er einen bestimmten Ort und eine bestimmte Situation in der außersprachlichen Wirklichkeit meint (Schutzfunktion).
Von besonderer Komplexität sind die Mittel der Indirektheit bei Grimmelshausen (Nr. 45). Seine Satire auf die hierarchische Gliederung des Soldatenstands und die damit verbundenen Mißstände wird einer fiktiven Romangestalt

(die gleichzeitig Ich-Erzähler ist) in den Mund gelegt, sodann von dieser als Traum ausgegeben, also räumlicher und zeitlicher Fixierung enthoben, und schließlich erscheint die eigentliche Darstellung verkleidet als Allegorie: Die Rangstufen der Hierarchie werden durch die Äste eines großen Baumes dargestellt. Dieses Beispiel läßt ebenso wie Text Nr. 58 erkennen, daß mit dem Grad an Indirektheit auch das Eigenleben des Textes zunimmt, der schließlich auch ohne Wahrnehmung der satirischen Aussageabsicht eine sinnvolle und unterhaltsame Lektüre ergibt, während bei direkten Satiren das Interesse am Text eng mit dem Interesse an den angegriffenen Gegenständen verknüpft ist und mit diesem nachläßt (vgl. Nr. 18, 20, 25, 26).
Von allen Mitteln der indirekten Darstellung ist die *Perspektive* wohl das vielseitigste. Der »Normalfall«, daß nämlich der Satiriker in eigener Person seine Meinung vorträgt, bildet, wie schon gesagt wurde, eher die Ausnahme. Er kommt vor in der Scheltrede, Invektive genannt (Nr. 19), im polemischen Kommentar (Nr. 20) und in der Glosse (Nr. 18, 38, 41, 50), außerdem in manchen Gedichten (Nr. 22, 26). Aber auch in diesen Fällen darf der »Satiriker«, der im Text spricht, nicht ohne weiteres mit dem realen Autor identifiziert werden. Das gilt besonders dann, wenn regelmäßige Beiträge in einer Zeitschrift oder Zeitung es dem Leser erlauben, sich nach und nach ein bestimmtes Bild von dem »Satiriker«, seinen Meinungen und Einstellungen zu machen. Greifbar wird die Distanzierung des Autors vom »Satiriker« manchmal daran, daß er unter einem Pseudonym auftritt. So hatte sich Tucholsky vier Pseudonyme zugelegt, und unter jedem Namen praktizierte er eine spezifische Nuance des satirischen Stils. Aber auch da, wo der Autor in eigenem Namen spricht, kann er sich von seinem satirischen Ich distanzieren, wie z. B. Börne es in Nr. 50 tut, wenn er sich selbstironisch in der Rolle des alternden Kurgasts darstellt. Der nächste Schritt ist der, daß das Ich seine Zuverlässigkeit, seine Beobachtungsgabe, seine Intelligenz als fragwürdig hinstellt und somit immer

mehr dem Leser die Aufgabe überträgt, selbst zu entscheiden, wieweit er dem Gelesenen Glauben schenken will. Schließlich kann der Satiriker eine Maske vornehmen und in einer Rolle sprechen. Drei Arten von Rollen sind dabei zu unterscheiden:

a) Der Satiriker benützt eine Rolle als Sprachrohr seiner eigenen Meinung. Sie dient ihm gleichzeitig zur Erhöhung seiner Glaubwürdigkeit. Wenn in den Texten Nr. 33 und 46 die Mißherrschaft der Fürsten getadelt wird, so geschieht dies jeweils durch die Stimme des Bürgers, jene Rolle also, mit der sich der bürgerliche Leser damals identifizieren konnte. Auch die schon erwähnte Verwendung von Kindern oder »einfachen Leuten«, die als Repräsentanten des »gesunden Menschenverstands« gelten können, ist hier anzuführen.

b) Der Satiriker läßt seine Meinung von einer Rolle vertreten, die er gleichzeitig fragwürdig macht, so daß der Leser nicht ohne weiteres weiß, wo er den Standpunkt des Autors zu vermuten hat, und so zu verstärktem Mitdenken gezwungen ist. Unter Umständen hat der Leser Mühe, überhaupt festzustellen, wer die im Sinne des Autors positive Rolle vertritt, so daß selbst ein der ursprünglichen Absicht entgegengesetztes Textverständnis möglich wäre (z. B. in Nr. 30). In diesem Fall muß die Kenntnis anderer Satiren des Autors oder der Richtung des Mediums, in dem die betreffende Satire veröffentlicht wurde, nähere Auskunft über den mutmaßlichen Standort geben. Die fragwürdige Maske findet sich oft bei Böll (vgl. Nr. 29), dessen Hauptfiguren sich teilweise in zweifelhaften Lebensumständen befinden oder sich durch einen besonderen Tick vom »Normalbürger« unterscheiden. Schwierig wird das Textverständnis auch, wenn der Autor durch eine Rolle Mißstände zeigen läßt, gleichzeitig diese Rolle aber durch ihre eigenen Äußerungen oder durch ihr Verhalten in ein satirisches Licht rückt (Nr. 49, 59).

c) Da der Satiriker die Aufgabe hat, Widersprüche und Mißstände sichtbar zu machen, ist es für ihn häufig am

wirksamsten, wenn er die angegriffenen Personen, Meinungen, Gegenstände direkt in Szene setzt. Man könnte hier von einem ironischen Rollengebrauch sprechen. Die Angegriffenen entlarven sich durch ihre Reden oder ihre Handlungen selbst. So stellt sich in Text Nr. 2 das Kraftfahrzeug-Reparaturgewerbe in der schönen Eintracht von Prüfer und Lehrling als ein Berufsstand von Profitgeiern dar, deren geringstes Interesse dem Wohl des Kunden gilt. Delius versucht, fragwürdigen Unternehmergeist bloßzustellen, indem er in seiner »Festschrift« (Nr. 32) auch negative Dinge entweder beschönigend oder zynisch als positiv (weil gewinnbringend) verbucht.
Schwierig sind bei den Textbeispielen dieser Auswahl die Kinderrollen. Zwar sprechen die Kinder auch in diesen Texten naiv, aber nicht mehr mit der Stimme der natürlichen Vernunft, sondern sie plappern arglos nach, was sie in unserer Gesellschaft aufgeschnappt haben. Nach dem Sprichwort »Kinder und Narren sagen die Wahrheit« führen die Kinder in Text Nr. 5 im Spiel nachahmend Mißstände im Arztberuf vor Augen, übernehmen also stellvertretend die Rolle der Selbstentlarvung. In Text Nr. 44 sind die Kinder mit naiver Begeisterung dabei, Notstand zu proben. Indem sie sich als gelehrige Puppen erweisen, stellen sie diejenigen bloß, die nicht davor haltmachen, problematische Politik mit Hilfe von Kindern durchzusetzen. Im übrigen kann dieser Text gleichzeitig auch als Parodie auf Lesebuchtexte verstanden werden, die mit falschem Zungenschlag sich kindertümlich geben und dabei politisch indoktrinieren.
Eine Weiterbildung der »neutralen« Perspektive, in der der Autor seine Figuren so zeichnet und reden läßt, daß der Leser keine fertige Stellungnahme geliefert bekommt, sondern sie selbst erarbeiten muß, stellt die *Montagetechnik* dar, bei der sich der Autor vollends hinter sein Material zurückzieht, mit dem er weder durch Erfindung noch durch Formulierung zu tun hat. Er greift statt dessen Vorgefundenes auf, arrangiert es aber in einer solchen Weise,

daß der zu zeigende Mißstand als Widerspruch unmittelbar ins Auge springt. Karl Kraus gilt als ein Meister dieser Technik (Nr. 8).

Die aufgeführten Mittel der Indirektheit können in unterschiedlicher Dichte und Kombination in Texten auftreten. Hilfsweise läßt sich eine Skala von der direktesten zur indirektesten Form der Satire aufstellen. Direkt sind Schimpfreden, Schmähschriften, Anklagen, die sich in den unterschiedlichsten literarischen Formen äußern können: außer in reiner Form auch in Glossen, Kommentaren, Gedichten; ebenso in Leserbriefen und politischen Reden. Als indirekteste Form der Satire muß die imaginative angesehen werden, bei der der Autor eine eigene Welt erfindet, die in Verkleidung, räumlicher oder zeitlicher Verschiebung nur den aufmerksamen und mitdenkenden Leser ein kritisches Abbild oder ein positives Gegenbild seiner mangelhaften Wirklichkeit erkennen läßt. Diese Form ist vorwiegend in erzählenden Textsorten anzutreffen. Etwas direkter ist schon die imitative oder nachahmende Satire, die den angegriffenen Gegenstand meist in karikierender Übertreibung vorführt. Hier handelt es sich vor allem um Rollen der Selbstentlarvung, die in Gedichten, besonders wirkungsvoll aber in dramatischen Texten dargestellt werden können. Mischtypen, die plaudernd-assoziativ, ironisch oder metaphorisch-witzig teils dem Satiriker direkte Äußerungen erlauben, teils ihn hinter Doppeldeutigkeit und Anspielung verstecken, können sich der Tagebuchform, des Feuilletons, der Glosse, aber auch wieder des Gedichts bedienen.

Wenn man nach der Funktion der Indirektheit in der Satire fragt, so ist in erster Linie daran zu erinnern, daß Satire seit jeher von denen verfolgt wurde, die sie angriff, daß also der Satiriker gut daran tut, seine Aussage so zu formulieren, daß sie unverfänglich erscheint oder zumindest so ausgelegt werden kann. Verschleiert er jedoch seine Aussage zu sehr, so läuft er Gefahr, nur noch von denen verstanden zu werden, die das zu Zeigende ohnehin schon begriffen haben, bzw. die Ansicht des Autors teilen. Neben der Schutzfunktion erfüllt die Indirektheit als Darstellungsprinzip auch die Aufgabe, dem Leser intellektuelles Vergnügen zu bereiten, indem sie ihm Probleme aufgibt, die er ähnlich wie Rätsel lösen muß. Das darf allerdings keine bloße Zugabe oder Ausschmückung sein, sondern die Auflösung muß jeweils zu einer wesentlichen Erkenntnis, zur Freilegung der Aussageabsicht des Autors führen.

7. Wertung

In ihrem unmittelbaren Verwendungszusammenhang, nämlich als Angriff auf einen herrschenden Mißstand mit dem Ziel, ihn bloßzustellen, lächerlich zu machen und damit den Anstoß zu seiner Beseitigung zu geben, müssen Satiren vor allem an ihrer Wirkung gemessen werden. Erreichen sie bei möglichst vielen der angesprochenen Leser das angestrebte Ziel, sind sie zunächst einmal als gute satirische Texte zu werten. Wesentlich für die Wirkung ist, daß der Leser den angeprangerten Mißstand klar erkennen kann. Daß die Indirektheit der Aussage dabei zunächst aufschiebende Wirkung haben kann, gehört zum Wesen der Satire und spricht keinesfalls gegen ihre Qualität. Der Wirkung abträglich ist es dagegen, wenn der Satiriker versucht, mehrere Mißstände zugleich in den Blick zu bekommen und damit seinen Angriff verzettelt. (Am deutlichsten trifft dieser Vorwurf wohl die Texte Nr. 15 und 18.)
Neben die Wirkung als eigentlichen, aber schwer zu überprüfenden Bewertungsmaßstab treten drei weitere Kriterien, die auch auf ältere Texte angewendet werden können:

a) Wie bedeutsam ist die Erkenntnis, die der Satiriker vermittelt?
b) Wie neu ist sie?
c) Welches Vergnügen verschafft uns die Form, in der diese Erkenntnis vermittelt wird?

Zu a): Es ist einsichtig, daß der Wert einer Satire abhängt

einerseits von der Bedeutsamkeit des Mißstands, den sie angreift, andererseits von der Erkenntnis, die sie darüber vermittelt. Ein Angriff auf eine Regierungsform (Nr. 46, 47), auf einen maßgeblichen Politiker (Nr. 26), auf weitverbreitete und folgenreiche Mißstände (Nr. 32) ist wichtiger und deshalb höher zu bewerten, als die Auseinandersetzung mit grotesken, aber für die Allgemeinheit verhältnismäßig belanglosen amtlichen Verordnungen (Nr. 41), Unarten des Sprachgebrauchs (Nr. 19, 20) oder Modefragen (Nr. 23). Allerdings wäre es irreführend, nur auf das Thema bzw. den Gegenstand zu schauen. Der Satiriker nimmt häufig eine Kleinigkeit als Symptom oder als Repräsentanten für einen gewichtigen Zusammenhang. So wollen Kraus (Nr. 20) und Ebert (Nr. 30) mit ihrem Spott über einen bestimmten Sprachgebrauch jeweils eine verbreitete und ihrer Meinung nach gefährliche Geisteshaltung und politische Einstellung treffen.

Zu b): Die Satire ist um so besser, je mehr sie dem Leser an neuen und wichtigen Einsichten verschafft. Wenn sie mit den Mitteln der Übertreibung, der Verunglimpfung und Herabsetzung nur Altbekanntes wiederholt, ist sie gering einzuschätzen. Das gilt sicher für die Texte Nr. 39, 16, 4, 3. Allerdings kann ein scheinbar altbekannter Gegenstand durch eine neue Formulierung, durch andere Einkleidung, überhaupt durch die oben aufgezählten Mittel der »Verfremdung« in einem neuen Licht erscheinen, können Zusammenhänge sichtbar werden, die ihn erst in seinem wahren Wesen erkennen lassen. Das gilt beispielsweise für Glassbrenners *Verkehrte Welt* (Nr. 55), wo das Umkehrungsprinzip die Frage aufdrängt, ob nicht teilweise im Gedicht die Verhältnisse zurechtgerückt erscheinen, während sie in der vertrauten Wirklichkeit eigentlich »auf dem Kopf stehen«. Der überraschende Vergleich des 1972 vieldiskutierten Fraktionswechsels von Bundestagsabgeordneten mit den Verhältnissen in der Bundesliga (Nr. 40) könnte manchen Leser darauf aufmerksam gemacht haben, daß er bereit war, beim Bundestag hinzunehmen, was er bei seinem Fußball-

klub als Skandal betrachtet hätte. (Wie sehr der Vergleich hinkt, soll hier nicht erörtert werden.)
Zu c): Das Vergnügen an der Satire leitet sich ähnlich wie beim Witz ab aus der überraschenden Auflösung einer Spannung, aus dem Umbiegen eines Gedankengangs in eine unerwartete, aber sofort einleuchtende Richtung, aus dem plötzlichen Zutagetreten eines versteckten Vorstellungszusammenhangs. Da es zum Wesen der Satire gehört, Widersprüche unmittelbar und überraschend sichtbar zu machen, gehört auch das Vergnügen an der komischen Diskrepanz zu ihrer natürlichen Wirkung. Dabei spielen die zuvor genannten Wertungsgesichtspunkte auch hier herein: Je bedeutender der enthüllte Widerspruch, je neuer und überraschender die Erkenntnisse sind, desto größer ist auch das Vergnügen. Es kann allerdings vorkommen, daß der dargestellte Widerspruch so ernst und bedrückend ist, daß der Leser höchstens mit Unbehagen lacht, wenn ihm das Lachen nicht überhaupt vergeht (vgl. Nr. 33, 42, 46, 51, 52). Eine dem Witz ähnliche Wirkung ist aber auch hier gegeben, da es den Autoren gelingt, durch die unmittelbare Darstellung des Widerspruchs den Leser plötzlich eine überraschende Einsicht gewinnen zu lassen.
Problematisch ist, daß satirische Texte häufig Mittel des Witzes (z. B. Wortspiele, Situationskomik, überraschende Verkleidung oder Form) verwenden, die mit dem darzustellenden Widerspruch in keinem Zusammenhang stehen, also eher Ausschmückung des Textes als Mittel der Satire sind (vgl. Nr. 27, 31, 41). Trotz erhöhten Lesevergnügens wird dadurch der Wert des Textes als Satire gemindert. Bei älteren Texten kann der Fall eintreten, daß der heutige Leser am Witz und an der Komik sein Vergnügen findet, in Unkenntnis des Verwendungszusammenhangs, der historischen Situation und der verwendeten Anspielungen aber die satirische Funktion nicht mehr erkennen kann. (Dies dürfte in unterschiedlichem Maße bei den Texten Nr. 26, 31, 34, 35, aber auch schon bei 42–44 der Fall sein.)

Zwei Fragen haben in der Literaturgeschichte bei der Bewertung der Satire immer eine bedeutende Rolle gespielt: 1. Darf die Satire das? 2. Ist das noch Kunst? Die erste Frage betrifft Moral und Konvention und wurde zu verschiedenen Zeiten unterschiedlich beantwortet. Sicher ist, daß der Satiriker, wenn er Bestehendes angreifen will, sich über geltende Konventionen hinwegsetzen muß, daß er sein Ziel am besten erreicht, wenn er keine Rücksichten nimmt. Bei der Bewertung muß allerdings abgewogen werden zwischen dem Gewicht des Verstoßes und dem des angegriffenen Mißstands. Tucholsky stellt sich einem solchen Problem in seiner Satire auf Goebbels (Nr. 26): Darf der Satiriker körperliche Verunstaltungen des Gegners verunglimpfen? Die Rechtfertigung scheint er in diesem Fall darin zu sehen, daß Goebbels trotz dieser Mängel und im Widerspruch dazu als »Recke« dastehen will. Darin sieht Tucholsky ein Beispiel für die Verkehrung von Schatten in Licht, Kleinheit in falsche Größe, wie sie für die nationalsozialistische Propaganda bezeichnend war (vgl. auch Nr. 37). Wenn der Satiriker mit höchstem Pathos und höchstem Anspruch als Rächer der Vernunft, der Menschlichkeit und der Moral auftritt und alle Mittel der Diffamierung und Bloßstellung einsetzt, es sich aber dann herausstellt (wie gelegentlich bei Heine oder Karl Kraus), daß nur eine verhältnismäßig belanglose Schwäche des Gegners der Gegenstand und persönliche Feindschaft der Anlaß sind, so beraubt er sich selbst seiner Glaubwürdigkeit und seine Satire der Wirkung.

Die oft diskutierte zweite Frage, ob denn Satire Kunst sein könne, wenn sie als Angriff auf Mißstände, als ausdrückliche Auseinandersetzung mit der außerliterarischen Wirklichkeit einem außerkünstlerischen Zweck diene, berührt die Frage der Bewertung nur dann, wenn man, wie lange Zeit üblich, nicht die Wirkung, sondern die künstlerische Qualität zum Wertmaßstab macht. Sehr vereinfacht kann gesagt werden, daß satirische Texte in dem Maße den Rang eines Kunstwerks im traditionellen Sinn erreichen können, in dem die Indirektheit der Aussage als Darstellungsprinzip den Text so umfassend organisiert, daß er auch ohne die Herstellung des satirischen Bezugs zur außerkünstlerischen Wirklichkeit in sich schlüssig erscheint.

8. Leitfaden für die Interpretation

a) Wie sieht der Text aus?
   - Angabe der Textsorte
   - Angabe von »Sender« und »Empfänger«, soweit sie aus dem Text erschlossen werden können.

b) Wie wird die Textsorte verwendet?
   - wie üblich?
   - in parodistischer Weise?
     Wird in diesem Fall die abweichende Funktion erkennbar
     - durch Stilmittel?
     - durch Unvereinbarkeit von Textsorte und Gegenstand?
     - durch unpassenden Kontext?

c) Was ist das (scheinbare) Thema?
   - Wovon ist im Text *vordergründig* die Rede?
   - Wird ein Angriff direkt vorgetragen und ein Angriffsziel *genannt* oder etwas Fiktives *dargestellt*?

d) Wie wird das Thema behandelt?
   - heiter oder entrüstet?
   - überlegen distanziert oder hitzig engagiert?

e) Welches ist der Gegenstand (das Opfer) des Angriffs? Wofür ist er gegebenenfalls stellvertretend?
   - Woran läßt sich im Falle einer fiktiven Darstellung hinter dem Gesagten das Gemeinte erkennen?
   - Wo treten die beiden Aussageebenen sichtbar auseinander?

f) Wie wird der Gegenstand dargestellt?
   - Welche Mängel werden ihm vorgeworfen?
   - Wie wird die Widersprüchlichkeit durch die Darstellungsweise aufgedeckt?

- Wie wird im Leser der negative Eindruck verstärkt? (Vgl. Abs. 5 »Stilmittel«.)

g) Welchen Standpunkt (»Norm«) vertritt der Autor? Weshalb verurteilt er den angegriffenen Gegenstand?
- Aus welchen Textstellen läßt sich sein Standort erschließen?
- Welche zusätzlichen Kenntnisse über Autor und Werk könnten helfen, seinen Standort im vorliegenden Text zu klären?

h) Läßt sich die Absicht formulieren, die mit diesem Text verfolgt werden soll?

i) Welche Mittel benützt der Autor, um den Leser für seinen Standort und für seine Meinung über den Gegenstand zu gewinnen?

j) Wie bewerte ich als Leser den Text?
- Werden die vom Autor eingesetzten Mittel durch den Zweck gerechtfertigt?
- Trifft die Darstellung einen wesentlichen Punkt des Gegenstands?
- Vermittelt der Text damit eine neue Erkenntnis?
- Ist der Gegenstand ausreichend gewichtig und bedeutsam für sich selbst oder als Repräsentant, Beispiel, Symptom für einen bedeutsamen Gegenstand?

V. Hinweise für den Unterricht

A. Lernziele

Der Umgang mit satirischen Texten kann unter fünf verschiedenen Akzentuierungen erfolgen, die zwar untereinander zusammenhängen, aber infolge ihrer Interessengebundenheit zu divergierenden Lernzielen und damit auch zu unterschiedlichem Unterrichtsaufbau führen. Dabei legt die eine Richtung den Schwerpunkt des Interesses auf literarische Fragestellungen, die andere auf die Auseinandersetzung mit der außersprachlichen Wirklichkeit. Je nach dem von Lehrer und Klasse gewählten Ansatz muß die Reihenfolge der nachstehend aufgeführten übergreifenden Lernziele verändert werden.

1. Der Schüler lernt durch den satirischen Text einen Ausschnitt der außersprachlichen Wirklichkeit kennen.

Satirische Texte bieten erfahrungsgemäß durch die Art der Darstellung einen hohen Leseanreiz und sind deshalb als Einstieg in eine neue Problematik recht geeignet, sofern der betreffende Text nicht zuviel an Vorkenntnissen voraussetzt. Außerdem vereinfachen sie die behandelten Sachverhalte auf jeweils wesentliche Züge, so daß grundsätzliche Einsichten namentlich in komplexere Zusammenhänge an solchen Texten leichter zu gewinnen sind. Schließlich bieten sie ihr Thema nicht diskursiv abhandelnd, sondern anschaulich demonstrierend. Der Leser muß also nicht dem Gedankengang des Autors folgen, sondern die Darstellung wird ihn in den meisten Fällen zu eigenen Gedanken über den Gegenstand provozieren, womit prinzipiell eine günstige Ausgangsposition für das Unterrichtsgespräch gegeben ist.

Es muß hier aber nachdrücklich darauf hingewiesen werden, daß satirische Texte nicht als informative Texte mißverstanden werden dürfen. Sie sind von der Aussage her durchweg dezidierte Meinungsäußerungen und von der Kommunikationsabsicht her gesehen eindeutig persuasiv angelegt. Das bedeutet, daß sie nicht einfach zustimmend gelesen werden sollten. Es muß jedem Leser freigestellt bleiben, ob er sich mit den Ansichten des Autors identifizieren oder sie ablehnen will. Das heißt für den Unterricht in vielen Fällen, daß zusätzliches Informationsmaterial zu einem bestimmten Thema beschafft werden muß. Wenn die Schüler durch den satirischen Text zu kontroversen Auffassungen provoziert wurden, sollten sie dazu ermuntert werden, Belege für ihre Ansicht zu sammeln und einzubringen. Die Satire will in Frage stellen und zur Kritik anregen. Diese Haltung sollte aber auch ihr selbst gegenüber vertreten werden. Die vorliegende Auswahl bietet deshalb absichtlich nebeneinander »konservative« und »progressive«, gelungene und schwache Texte.

2. Der Schüler erkennt Normen und Werte als Grundlage von Handlungen und Äußerungen.

Gerade für den Jugendlichen der Sekundarstufe ist die Auseinandersetzung mit Normen und Werten ein Problem. Die Wahrnehmung von Widersprüchen zwischen Worten und Taten der Erwachsenen, der Schwächen von Institutionen, der Diskrepanz zwischen den Versprechungen politischer Programme und ihrer Verwirklichung lassen ihn an seinen bisherigen Wertmaßstäben zweifeln. Hier können satirische Texte Hilfestellung leisten, indem sie ihn erkennen lassen, daß solche Auseinandersetzungen nicht sein individuelles Problem sind, sondern überall ausgefochten werden müssen, wo man konkrete Wirklichkeit an den Maßstäben der Moral und der Vernunft messen will. Zugleich lassen sie ihn modellhaft eine Möglichkeit erkennen, solche Auseinandersetzungen auszutragen. Die Fähigkeit, den eigenen Standpunkt zu klären und den eines Partners richtig einzuschätzen, kann bei der Analyse satirischer Texte

geübt werden, da das Herausarbeiten des Verfasserstandpunkts für deren Verständnis unabdingbar ist.
Wesentlich ist aber auch, daß der Schüler sich nicht nur mit dem Verhältnis der Wirklichkeit zu den Normen, sondern auch mit diesen selbst auseinandersetzt, daß er lernt, ihre historische Entwicklung zu sehen und ihre Rechtfertigung sowie ihren Geltungsbereich kritisch zu untersuchen. Durch die große zeitliche Streuung, die teilweise gegensätzlichen Standpunkte und die Höhe und Reichweite der jeweils vertretenen Normen bietet das vorliegende Material hierzu die Möglichkeit. Man sollte jedoch bei der Besprechung der Texte nicht stehenbleiben, sondern zur Übertragung der gewonnenen Einsichten auf die aktuelle Umwelt anregen. Es wäre in diesem Zusammenhang wünschenswert, auch auf die Eigenproduktion von satirischen Texten hinzuarbeiten. Hinsichtlich schulischer Übungen bleibt allerdings zu beachten, daß letztlich ein individuelles Ausdrucksbedürfnis und eine sehr persönliche Sehweise auch bei allgemein empfundenen Mißständen den eigentlichen Anstoß zur satirischen Darstellung geben müssen und gemeinsamen Versuchen von daher Grenzen gesetzt sind.

3. Der Schüler ist in der Lage, satirische Texte zu erkennen und kritisch zu lesen. Er kann den Standpunkt und die Absicht des Verfassers formulieren und die Mittel nennen, mit denen diese verwirklicht wird.

Satire kann unterschiedlichsten Zwecken dienen und gegenteilige Auffassungen vertreten (vgl. IV, 3); satirische Darstellungsmittel namentlich mit der Funktion der Herabsetzung und der tendenziösen Übertreibung finden auch in Gebrauchstexte (z. B. politische Reden, Wahlkampfbroschüren, Sachbücher) Eingang. Die Beantwortung der zentralen Frage, wer wem mit welcher Absicht und mit welchen Mitteln welche Botschaft mitteilen will, setzt voraus, daß die Darstellungsmittel benannt werden können. Das bedeutet, daß ein gewisses Maß an Kenntnis dieser Mittel und an

Fähigkeit zur formalen Analyse unumgänglich ist. Detaillierte Lernziele hierzu lassen sich leicht aus IV, 5, 6 und 8 ableiten.
Gelegentlich ist das Argument zu hören, satirische Texte seien besonders geeignet, einen rationalen Umgang mit Literatur zu fördern. Hier ist eine Unterscheidung notwendig. Texte, die das Prinzip der Aussparung und des Kontrasts verwenden, provozieren eine intellektuelle Leistung, ohne die ihre Aussage nicht erschlossen werden kann. Das gilt auch für Texte, die sich in starkem Maße – sei es in den Stilmitteln oder in der Einkleidung – der Indirektheit als Darstellungsmittel bedienen. Die vom Leser erwartete Leistung der Übertragung des Gesagten auf das Gemeinte läuft einer passiven oder einfühlenden Haltung gegenüber dem Text zuwider. Anders verhält es sich dagegen mit Formen der direkten Satire, die durch Herabsetzung und Verunglimpfung ihr Opfer zu vernichten suchen und sich dabei aller zur Verfügung stehenden Überredungstechniken bedienen, um die Zustimmung des Lesers zu sichern, dessen Emotionen und Vorurteile so mobilisiert werden, daß rationale Distanzierung allzu leicht unterbleibt.

4. Der Schüler nimmt die Beziehungen zwischen Inhalt und Form wahr und kann sie artikulieren.

Das Erfassen der Inhalt-Form-Relation, das ja für die Analyse literarischer Werke insgesamt wesentlich ist, läßt sich an satirischen Texten exemplarisch üben, da die satirische Wirkung besonders eng an bestimmte Darstellungsweisen gebunden ist (vgl. IV, 4). Das Aufspüren der vielfältigen Mittel, deren sich der Satiriker zur Sicherung seiner Wirkung bedient hat, und die auf Grund der verfremdenden Elemente meist leicht zu entdecken sind, kann zu einer Sensibilisierung für die Wahrnehmung von stilistischen und kompositorischen Mitteln in literarischen Texten insgesamt führen. Zu diesem Lernziel muß schrittweise hingeleitet werden. Zunächst ist darauf zu achten, daß bestimmte

Stilmittel in einem Text wahrgenommen und daß ihre kalkulierte Verwendung bewußtgemacht wird. Dies kann beispielsweise durch Ersatzproben geschehen. Sodann ist herauszuarbeiten, wie sich unterschiedliche Stilmittel zu einer Tendenz der Aussage verbinden und wieweit sie in ihrer Form den inhaltlichen Widerspruch des Gegenstands zum Ausdruck bringen. Ein letzter Schritt könnte dann zur Differenzierung zwischen den Stilmitteln führen, die speziell diesen Bezug zur Aussage erkennen lassen, und jenen, die auf äußere Wirkung berechnet sind und der Erhöhung des Lesevergnügens oder der Verstärkung gewünschter emotionaler Reaktionen dienen. Schließlich ist auch das gewollte Mißverhältnis zwischen Textsorte und Gegenstand bei manchen Texten besonders zu untersuchen. Von da aus liegt es nahe, auf die verwandte Form der Parodie einen Blick zu werfen (vgl. W. Gast [Hrsg.]: Parodie. Stuttgart 1975. Arbeitstexte für den Unterricht. Reclams UB Nr. 9521).

5. Der Schüler ist in der Lage, am Beispiel satirischer Texte zu zeigen, wie Literatur auf die Gesellschaft einwirken und wie diese umgekehrt die Thematik der Satire bestimmen kann.

Auch unter diesem Lernziel kann an satirischen Texten verhältnismäßig leicht demonstriert werden, was bei anderen literarischen Texten nur schwer zu zeigen ist. Da Satire, um als solche wirksam zu werden, den erkennbaren Bezug zur außersprachlichen Wirklichkeit braucht, kann das Verhältnis von Gegenstand und literarischer Gestaltung zumindest bei aktuellen Texten in vielen Fällen überprüft werden. Es läßt sich dann beispielhaft – und auf nicht satirische Texte übertragbar – zeigen, wie »künstlerische Freiheit« in der Behandlung von Details das Wesentliche deutlicher herausheben, durch Vereinfachung komplexe Zusammenhänge durchschaubar machen kann. Diskutiert werden sollten an dieser Stelle Aufgaben und Grenzen einer »engagierten«

Literatur, wobei auch auf die unabgrenzbare Zwischenstellung satirischer Texte zwischen Gebrauchsliteratur einerseits und ästhetischer Literatur andererseits einzugehen wäre. Schließlich sollte unter diesem übergreifenden Lernziel die Bedeutung des Textträgers bzw. des Mediums behandelt werden. Es beeinflußt Inhalte und Formen satirischer Texte, in welcher Zeitschrift sie erscheinen und welche Wirtschaftszweige oder Firmen in dieser inserieren. Auch satirische Beiträge im Fernsehen weisen bestimmte – und das ist hier nicht im technischen Sinne gemeint – medienspezifische Qualitätsmerkmale auf. Gelegentlich gelingt es, durch die Reaktion der Betroffenen Einblicke in die Wirkung von Satiren zu gewinnen. Material über Prozesse, Verbote und einstweilige Verfügungen findet sich von Zeit zu Zeit in der Presse. So wurden dort aufmerksam die 1974 und 1975 laufenden Prozesse der Firma Siemens gegen F. C. Delius und dessen Buch *Unsere Siemens-Welt* registriert.
Bei höheren Klassen muß dann früher oder später die grundsätzliche Frage nach der Berechtigung der Satire und nach ihrem legitimen Spielraum gestellt werden. Dabei kann von den Texten T 7–10 ausgegangen werden.

B. Methodische Hinweise

1. Allgemeines

Es ist zu empfehlen, jeweils zwei bis drei Texte zu einer Unterrichtseinheit zusammenzufassen, wobei selbstverständlich sowohl nach dem Prinzip des Gemeinsamen wie nach dem des Kontrasts ausgewählt werden kann. Die nächstliegenden Möglichkeiten der Zusammenstellung sind die nach den Kriterien Thematik, Textsorte, Darstellungsweise (wobei entweder die Stilmittel oder die Mittel der Indirektheit besonders akzentuiert werden können). Die Auswahl ist aber in jedem Fall daran zu orientieren, unter welchem

übergreifenden Lernziel die Unterrichtseinheit stehen soll. Im übrigen sollte nach Möglichkeit bei geeignet erscheinenden Texten nichtsatirisches Material zum Vergleich und zur Erhellung des Hintergrunds herangezogen werden. Als Anregung wird hier mit den Texten Nr. 42–44 zur Notstandsgesetzgebung der Kern einer thematischen Textgruppe vorgelegt, die durch die Gesetzestexte selbst, durch Reden im Parlament, in der außerparlamentarischen Opposition, durch Flugblätter und Zeitungsartikel dokumentarisch abgestützt werden könnte. Die Zusammenarbeit mit dem Geschichtslehrer wäre ohnehin in vielen Fällen wünschenswert, ebenso, unter Einbeziehung des Kunstunterrichts, die Ausweitung des Gegenstands auf Karikaturen. Grundsätzlich sollten die Schüler höherer Klassen auch unabhängig von einem bestimmten Thema angeregt werden, in Zeitungen und Zeitschriften nach satirischen Texten Ausschau zu halten, da dies in bezug auf Lernziel 3 eine der effektivsten Übungsmöglichkeiten ist. Die Besprechung der gesammelten Texte wird zeigen, wie selten gelungene satirische Texte zu finden sind und wie vieles zu Unrecht unter dieser Bezeichnung angeboten wird.
Sollen an einem Text insbesondere die Stilmittel erarbeitet werden, so ist es für die Motivation günstiger, wenn diese an ausgewählten anderen Beispielen vorweg erläutert und dann im Text selbst in einer Transferleistung wiedererkannt werden. Damit wird das Interesse nicht zu lange vom Inhalt abgezogen, und zudem läßt sich im Vergleich mit den Einführungsbeispielen die spezielle Leistung eines Stilmittels innerhalb des Textes und in bezug auf seinen Gegenstand deutlicher herausarbeiten.
Der inhaltlichen Diskussion muß, auch wenn sie vom Text wegführt, mehr Raum als sonst gegeben werden, da – beispielsweise bei den Themen »Schule« und »Wirtschaft« – die Blickwinkel und Aussagen der einzelnen Texte so unterschiedlich sind, daß eingehendere Klärung – eventuell mit Zusatzmaterial – unerläßlich scheint (vgl. dazu Lernziel 1). Die Rückführung zur Arbeit am Text kann dann vor allem

unter den bei Lernziel 5 skizzierten Fragestellungen erfolgen.
Der unter IV, 8 abgedruckte »Leitfaden zur Interpretation« kann im Unterricht hilfreich sein, wenn man die einzelnen Aufgaben in unterschiedlichen Arbeitsformen löst. So können beispielsweise Gruppen einzelne Fragen in Arbeitsteilung beantworten; man kann die Fragen a–f im Unterrichtsgespräch klären, Antworten auf g, h in Einzelarbeit schriftlich formulieren lassen, i wieder im Unterrichtsgespräch und j in Form einer vorbereiteten Thesendiskussion behandeln. Das Schema kann bei der häuslichen Vorbereitung als Liste verwendet werden, an der sich der Fortgang der Arbeit kontrollieren läßt; es kann aber auch als Gliederungshilfe für ein punktuell einsetzendes und frei verlaufendes Unterrichtsgespräch dienen.

2. Arbeitsvorschläge

Da die Art der Einführung der Texte und des Einstiegs jeweils von den Lernzielen abhängt, soll hier nur ein Vorschlag gemacht werden, der sich aus der Anordnung des Bändchens ergibt: Die Schüler bekommen den Auftrag, eine Textgruppe durchzulesen und dann vorzuschlagen, welcher Text in der Klasse behandelt werden soll. Eine Diskussion über die Gründe, die zu bestimmten Vorschlägen geführt haben, läßt sofort den Wirkungsaspekt der satirischen Texte, die Textsortenunterschiede und die unterschiedlichen Entstehungszeiten in den Blick treten. Anknüpfungspunkte für ein Gespräch ergeben sich unter anderem auch dann, wenn Schüler ältere Texte den neueren vorziehen.
Wenn nachfolgend einige Vorschläge methodischer Art gemacht werden, so wird dabei vorausgesetzt, daß die gängigen Formen der Texteinführung und -erschließung nicht mehr wiederholt zu werden brauchen. Es handelt sich um Vorschläge, die als Formen zur Kontrolle des Textverständnisses, aber auch als Ansätze zu einem kreativen Umgang mit satirischen Texten verstanden werden können.

a) *Stellungnahme.* Da satirische Texte der Absicht nach Meinungsäußerungen mit überredender Tendenz sind, zielen sie zwar auf Zustimmung ab, lassen aber durch die Art der Darstellung dem Leser zumindest den Eindruck, er könne sich sein eigenes Urteil bilden, und fordern so zur Stellungnahme heraus. Diese kann im Unterricht vom Schüler recht variabel eingebracht werden. Zunächst einmal kann verlangt werden, daß sie textsortenspezifisch abgegeben wird. Das heißt, daß im Sinne von Lernziel 5 Medium und Textsorte des vorliegenden Textes bewußtgemacht werden muß. Praktisch würde das bedeuten, daß z. B. Stellungnahmen zu den Texten Nr. 8, 18, 23, 38, 41 als *Leserbrief* konzipiert werden könnten, wobei die Schüler wählen, ob sie zustimmend oder ablehnend reagieren wollen. Bei den Wahlkampfflugblättern Nr. 39 und 40 könnte man daran denken, daß ein Politiker der angegriffenen Partei in seiner nächsten *Rede* dazu Stellung nimmt. Schon in diesem Fall muß der Schüler eine *Rolle* übernehmen. Das erweist sich bei der Mehrzahl der Texte als notwendig. Der Spielraum für die Phantasie des Schülers muß dabei insofern eingegrenzt werden, als er nur Rollen wählen darf, die im ursprünglichen Verwendungszusammenhang des Textes denkbar sind – also etwa bei Nr. 36 die des Redakteurs der Faschingszeitung oder des zuständigen Parteifunktionärs, bei Nr. 50 vielleicht die eines übervorsichtigen und unschlüssigen Herausgebers des Nachlasses in einem Brief an einen Freund.
Um die Argumentation eines Textes freizulegen, könnte man ein *Rollenspiel* versuchen, bei dem sich der Angegriffene gegen den Satiriker verteidigt (z. B. bei Text Nr. 21, 22, 36, 38). Ein über den Text hinausführendes Rollenspiel ist insofern interessant, als es mehrere Möglichkeiten offenläßt, die jeweils zum Nachdenken über die satirische Intention und Wirkung anregen. So könnte man beispielsweise bei Text Nr. 9 die Reaktion des Gerichtsvorstands einmal so darstellen lassen, als sei dieser ebenfalls ein »Einser«, das andere Mal so, daß er die Meinung des Autors vertritt.

Eine *gespielte Gerichtsverhandlung* gegen den Satiriker könnte sowohl die Schutzfunktion bestimmter Stilelemente deutlich werden lassen, als auch Einblicke im Sinne des Lernziels 5 vermitteln. Zu den Formen der Stellungnahme ist schließlich auch die *Diskussion* zu rechnen, die bei kontroversen Standpunkten als *Debatte* durchgeführt werden sollte, da bei dieser die Argumente des Texts noch gründlicher ausgeschöpft werden müssen.

b) *Umformung.* Da ein wesentlicher Grundzug der Satire die Indirektheit der Aussage ist (vgl. IV, 6), müssen bei der Behandlung satirischer Texte speziell Arbeitsformen eingesetzt werden, die das Erschließen der eigentlichen Aussage üben bzw. die vollzogene Umsetzung kontrollieren. Ein erster Schritt ist das Formulieren einfacher Aussagen der Art: »Indem Heine die Geistlichen mit Kaufleuten gleichsetzt (Nr. 7), will er ausdrücken ...« Den zweiten Schritt bildet das Umschreiben namentlich ironisch verfaßter Texte in »Klartext« (z. B. Nr. 3 und 4). Das Ergebnis kann von der prägnanten Feststellung der Textaussage über die Inhaltsangabe bis zur Paraphrase variieren. In gleicher Weise kann auch mit eingekleideten Texten verfahren werden (z. B. Nr. 1, 36, 47, 48). Eine weitergehende Aufgabe wäre das Umsetzen in einen anderen Kommunikationszusammenhang und in eine andere Textsorte, bei Text Nr. 1 beispielsweise in ein Beschwerdeschreiben an den Fremdenverkehrsverband der betreffenden Region. Wichtig ist, daß gegebenenfalls der Schüler gefragt werden muß, auf welchen Elementen der Vorlage bestimmte Formulierungen seiner Umformung basieren. Es muß jeweils bei der Aufgabenstellung klar gesagt werden, ob eine möglichst dem Text folgende Umsetzung oder eine freie Gestaltung gewünscht wird. Da nicht immer davon ausgegangen werden kann, daß die Schüler ironische Aussagen richtig verstehen, könnte nämlich als originelle freie Gestaltung aufgefaßt werden, was in Wirklichkeit Mißverständnis oder Verlegenheitslösung ist.

c) *Veränderung.* Bei dieser Übungsform handelt es sich im Unterschied zur vorhergehenden nicht um eine Veränderung der Darstellungsweise, sondern um eine Abwandlung der Aussage des Textes. So könnte die Aufgabe gestellt werden (die vom Textumfang her allerdings wohl höchstens von Schülern der Sekundarstufe II bewältigt werden kann), Text Nr. 15 und Nr. 38 in der Art eines Science-fiction-Romans umzuschreiben, so daß die angeprangerten Entwicklungen in positiver Bewertung erscheinen. Die Stilelemente, die bei einer solchen Veränderung des Textes ersetzt werden, sollten besonders analysiert werden, da sie im betreffenden Text die satirische Wirkung hervorbringen (vgl. Lernziele 3 und 4). Es müßten natürlich auch die Haltungen diskutiert werden, aus denen so unterschiedliche Behandlungen eines Gegenstands entspringen könnten.

d) *Analoge Gestaltung.* Diese Übungsform hat ihre Funktion im wesentlichen darin, die Kenntnis der Darstellungsmittel und die Einsicht in die Struktur des jeweiligen Textes zu überprüfen (Lernziele 3 und 4). Dagegen kann nur bei wenigen Schülern erwartet werden, daß ihnen die analoge Gestaltung Möglichkeiten bietet, ihre eigene Kritik an beobachteten Mißständen selbständig zu formulieren. Bemühungen in dieser Richtung sollten unterstützt, aber nicht forciert werden. Gut geeignet für analoge Gestaltungsversuche ist die Montage, da sie schriftliche Eigenleistungen des Schülers nicht unbedingt verlangt und damit auch weniger Schreibgewandten eine Chance gibt. In Anlehnung an Text Nr. 8 lassen sich beispielsweise Texte über Tierliebe und Kindesmißhandlung, über Kinderspielplätze und Parkhochhäuser verfassen. (Die Themenwahl sollte aber den Schülern überlassen bleiben.) Beinahe schematisch können Versuche in Analogie zu Text Nr. 11 durchgeführt werden, da es hier möglich ist, den Rahmen beizubehalten und nur die Begriffe auszuwechseln. Aber auch bei dieser einfachen und begrenzten Übung läßt sich schon sehen, ob der Schüler das wesentliche Prinzip der Kontrastierung erkannt hat.

Reizvoll für eigene Versuche sind Zitatmontagen nach Art von Text Nr. 34. Hier ist darauf zu achten, daß das Prinzip der minimalen Hinzufügung erkannt wird, das auch bei dem ganz andersartigen Text Nr. 32 entscheidend ist. Die Technik dieser »Festschrift« könnte versuchsweise auf Festreden übertragen werden. Zu beachten ist bei allen Gestaltungsversuchen dieser Art, daß sie leicht im Formalen steckenbleiben und dann weniger Einsichten vermitteln als die Übungen zur Umformung und Veränderung.

3. Aufgabenvorschläge

a) Untersuchen Sie im Blick auf die satirische Aussage die Funktion der Titel in einigen der folgenden Texte: Nr. 1, 9, 18, 28, 29, 32, 38, 56, 60.
b) Diskutieren Sie den Zusammenhang von zentralem Symbol und Gegenstand des satirischen Textes, indem Sie Bedeutung und Funktion der »Null« in den Texten Nr. 53 und 60 vergleichen.
c) Vergleichen Sie die Funktion und Leistung der Tiereinkleidung in den Texten Nr. 47, 50, 52, 54, 57.
d) Vergleichen Sie die Verwendung des Traums in den Texten Nr. 45, 50, 53.
e) Diskutieren Sie, wieweit Zukunftsdarstellungen als Kritik an der Gegenwart verstanden werden können, an den Texten Nr. 15, 42, 43, 44, 49, 55, 58. Stellen Sie fest, wo und auf Grund welcher Textelemente die Kritik besonders deutlich erkennbar ist.
f) Vergleichen Sie die Texte Nr. 9, 30, 32 unter der Fragestellung, wieweit sie versuchen, durch einen bestimmten Sprachgebrauch eine verbreitete Mentalität bloßzustellen. Diskutieren Sie, ob die jeweiligen Opfer Ihrer Meinung nach für andere eine Bedrohung darstellen, und nehmen Sie in diesem Zusammenhang dazu Stellung, ob Sie den satirischen Angriff für berechtigt halten.
g) Versuchen Sie, aus den Texten Nr. 42, 43, 44 eine Vorstellung über die Notstandsgesetze und ihre Bedeutung

zu gewinnen. Vergleichen Sie Ihre Ergebnisse mit Informationen aus Quellen zur Geschichte und Gemeinschaftskunde und, nach Möglichkeit, mit Auszügen aus den Gesetzen selbst.

h) Versuchen Sie, mit Hilfe der Typologie von Text T 6 die Funktion einiger der vorliegenden Texte zu bestimmen.

i) Diskutieren Sie die Berechtigung und die Grenzen der Satire anhand der Texte T 7–10.

j) Diskutieren Sie mögliche Funktionen der Satire auf Grund eines Vergleichs bzw. einer Gegenüberstellung der Texte T 5 und T 6.

4. Lektürevorschläge für die einzelnen Schuljahre

Die Einteilung erfolgt unter dem Aspekt, ob die satirische Aussage den Schülern voll zugänglich ist. Deshalb wurden Texte mit historischem Hintergrund relativ spät angesetzt; bei entsprechenden Vorkenntnissen können sie ohne weiteres früher behandelt werden. Außerdem bieten natürlich manche Texte auch ohne Wahrnehmung der satirischen Intention eine vergnügliche Lektüre.

7. Schuljahr
Nr. 1, 2, 15

8. Schuljahr
Nr. 9, 27, 53, 45, (58)

9. Schuljahr
Nr. 3, 4, 25, 26, 33, 34, 35, 42, 43, 44, 47, 48, 57

10. Schuljahr
Nr. 5, 7, 10, 11, 12, 13, 18, 21, 22, 23, 28, 46, 54, 55

Sekundarstufe II
Nr. 8, 14, 16, 17, 19, 20, 24, 25, 30, 31, 32, 36, 37, 38, 39, 40, 41, 45, 49, 50, 51, 52, 56, 58, 59, 60

5. Verzeichnis der Textsorten

Parodistisch verwendete Textformen:

VI. Verfasser- und Quellenverzeichnis

Anonyme Verfasser

Text Nr. 12
Leise zieht durch mein Gemüt Bimmel und Gebammel ... Aus: Peter Rühmkorf, Über das Volksvermögen. Exkurse in den literarischen Untergrund. Reinbek bei Hamburg: Rowohlt 1969. (rororo 1180.) S. 106.

Text Nr. 31
Flugblatt »Landesverband Westberliner Übernehmer«. Abgedruckt in: Barbara Brunotte, Rebellion im Wort. Eine zeitgeschichtliche Dokumentation. Flugblatt und Flugschrift als Ausdruck jüngster Studentenunruhen. Frankfurt a. M.: dipa-Verlag 1973. Anhang, Nr. 31.

Text Nr. 39
Zehn kleine Negerlein. Aus der Broschüre »Volksliedgut für groß + klein«, verbreitet von der CDU im Wahlkampf 1972. Verlagsgesellschaft Niederdeutsche Stimmen GmbH. Abgedruckt in: Wahlkampf '72. Fakten und Zahlen. Hrsg. von »Dialog.« Magazin für Politik, Wirtschaft und Kultur. Bonn u. Hamburg: Dialog-Verlag GmbH 1973. Anhang, o. S.

Text Nr. 40
Wahlkampfflugblatt 1972 der Jugendaktion 5. Dezember der DGB-Gewerkschaftsjugend Essen, der Sozialistischen Jugend Deutschlands (Die Falken), der Sozialistischen Deutschen Arbeiterjugend, der Jungsozialisten, des Marxistischen Studentenverbandes Spartakus, des Sozialdemokratischen Hochschulbundes, der Jungdemokraten und des Arbeitskreises Essener Schüler. Abgedruckt in: Wahlkampf '72. Anhang, o. S.

Arnfrid Astel. Geb. 1933 in München. Lebt in Köln.
Lektion. Aus: A. A., Notstand. 100 Gedichte. Wuppertal: Hammer 1968. S. 38.

Johannes Beck. Geb. 1938. Seit 1968 in der Lehrerausbildung tätig.
Keine Schülerschule. Aus: J. B., Lernen in der Klassenschule. Reinbek bei Hamburg: Rowohlt 1974. (rororo Sachbuch 6820.) S. 94 f.

Heinrich Böll. Geb. 1917 in Köln. 1972 Nobelpreis für Literatur.
Der Wegwerfer. Aus: Doktor Murkes gesammeltes Schweigen und andere Satiren. Köln u. Berlin: Kiepenheuer & Witsch 1958. S. 137–152.

Ludwig Börne. Geb. 1786 in Frankfurt a. M. Ab 1830 in Paris, gest. dort 1837.
Aus meinem Tagebuche (1830). Zuerst in L. B., Gesammelte Schriften Bd. 1–8. Hamburg: Hoffmann u. Campe 1829–32. Abgedruckt nach:

L. B., Sämtliche Schriften. Hrsg. von I. u. P. Rippmann. Bd. 2. Düsseldorf: Melzer 1964. S. 793 f.

Bonaventura (Pseudonym). Die Verfasserfrage ist bis heute nicht endgültig geklärt.
Nachtwachen. Erstdruck 1804 in dem »Journal von neuen deutschen Original-Romanen« in Penig (Sachsen). Abgedruckt nach B., Nachtwachen. Hrsg. von W. Paulsen. Stuttgart: Reclam 1964. (Reclams UB Nr. 8926 [2].) S. 48–50.

Wolf Brannasky. Geb. 1944 in Salzburg.
Kinderlied. Aus: Protest. Lieder aus aller Welt. Hrsg. von F. Hetmann. Frankfurt a. M.: Fischer 1967. Originalausgabe. (Fischer Bücherei 830.) S. 148 f.

Bertolt Brecht. Geb. 1898 in Augsburg, gest. 1956 in Ost-Berlin.
Flüchtlingsgespräche, geschrieben 1940/41 in Finnland und 1944 in Amerika. Erstabdruck aus dem Nachlaß in: Sinn und Form 9, 2, Brecht-Sonderheft (Teilabdruck). Abgedruckt nach: B. B., Gesammelte Werke in acht Bänden. Hrsg. vom Suhrkamp-Verlag in Zusammenarbeit mit Elisabeth Hauptmann. Bd. VI. Frankfurt a. M.: Suhrkamp 1967. S. 1402–05.
Notwendigkeit der Propaganda. Aus: Svendborger Gedichte, Teil V: Deutsche Satiren. Erstdruck dieses Gedichts in: Internationale Literatur, Heft 10. Moskau 1937. S. 58. Abgedruckt nach: Gesammelte Werke, Bd. IV, S. 698–701.

Georg Büchner. Geb. 1813 in Goddelau bei Darmstadt, gest. 1837 in Zürich.
Leonce und Lena. Entstanden 1836. Erstdruck in »Telegraph für Deutschland« Nr. 76–80, Hamburg 1838. Uraufführung 1885. Abgedruckt nach: G. B., Woyzeck. Leonce und Lena. Stuttgart: Reclam 1974. (Reclams UB Nr. 7733.) S. 54 f.
Der Hessische Landbote. Flugschrift von G. B. und Friedrich Ludwig Weidig, datiert »Darmstadt, im Juli 1834«. Gedruckt in wahrscheinlich 300 Exemplaren in Offenbach. Abgedruckt nach: G. B., Lenz. Der Hessische Landbote. Stuttgart: Reclam 1972. (Reclams UB Nr. 7955.) S. 52 f.

Friedrich Christian Delius. Geb. 1943 in Rom. Lebt vorwiegend in Berlin.
Komfort, Gesundheit und Rationalisierung am Arbeitsplatz. Aus: Unsere Siemens-Welt. Eine Festschrift zum 125jährigen Bestehen des Hauses S. Berlin: Wagenbach 1972. S. 82 f. (Jetzt Berlin: Rotbuch Verlag.)

Wolfgang Ebert. Geb. 1923 in Düsseldorf. Satirischer Kolumnist bei der »Zeit« und beim »Stern«.

W. E., Vor uns die Sintflut. Wien: Europa-Verlags-AG. 1974. Daraus *Konsum-Terror*, S. 116 f. und *Reparatur-Quiz*, S. 196 f.

Günter Eich. Geb. 1907 in Lebus an der Oder, gest. 1972 in Salzburg. *Episode*. Aus: G. E., Maulwürfe. Frankfurt a. M.: Suhrkamp 1968. S. 28.

Bernt Engelmann. Geb. 1921 in Berlin. Lebt in Rottach-Egern. *Kein schöner Land* (1965). Aus: B. E., Das eigene Nest. Ein Panorama bundesdeutscher Gegenwart. München: Schneekluth 1965. S. 7–9.

Adolf Glassbrenner. Geb. 1810 in Berlin, 1848 Führer der demokratischen Partei in Mecklenburg-Strelitz. 1850 des Landes verwiesen. Übersiedlung nach Hamburg. 1858 Rückkehr nach Berlin. Gest. 1876.
Allgemeine Hundefreiheit. Erstdruck in: A. G., Unterm Brennglas. Hrsg. von F. Diederich. Berlin: Vorwärts-Verlag 1912.
Verkehrte Welt. Ein komisches Gedicht. Erstdruck: Frankfurt a. M.: Meidinger 1855. Beide Texte abgedruckt nach: A. G., Der politisierende Eckensteher. Hrsg. von J. Hermand. Stuttgart: Reclam 1969. (Reclams UB Nr. 5226 [3].) S. 145–147, 221–226.

Hans Jakob Christoph von Grimmelshausen. Geb. 1622 in Gelnhausen, gest. 1676 in Renchen.
Der abenteuerliche Simplicissimus teutsch. Erstdruck 1669 in Mömpelgard (für: Nürnberg). Abgedruckt nach der Ausgabe von H. H. Borcherdt. Stuttgart: Reclam 1961. (Reclams UB Nr. 761 [12].) S. 87–96.

Johann Grob. Geb. 1643 in Oberglatt im Toggenburg (Schweiz), gest. 1697 in Herisau.
Auf einen hinweg ziehenden Arzt. Erstdruck 1700. Abgedruckt nach: Das Zeitalter des Barock. Texte und Zeugnisse. Hrsg. von A. Schöne. München: Beck 1963. (Die deutsche Literatur. Texte und Zeugnisse, Bd. III.) S. 897.

Heinrich Heine. Geb. 1797 in Düsseldorf, gest. 1856 in Paris.
August Wilhelm Schlegel. Aus: Die romantische Schule. Entstehung 1832–35. Erstdruck unter diesem Titel 1835 (Jahreszahl 1836) in Hamburg bei Hoffmann u. Campe. Hier abgedruckt nach: Das Junge Deutschland. Texte und Dokumente. Hrsg. von J. Hermand. Stuttgart: Reclam 1966. (Reclams UB Nr. 8703 [5].) S. 41–44.
Die Stadt Lucca. Entstehung 1829/30. Erstdruck 1831 in dem Band »Nachträge zu den Reisebildern«. Abgedruckt nach: H. H., Sämtliche Werke in 14 Bdn. Hrsg. von H. Kaufmann. Bd. VI. München: Kindler 1964. S. 22 f.

Hellmut Holthaus. Geb. 1909 in Remscheid. Lebt in Staufen i. Br.
Neue Geschichten aus der Zachurei. Frankfurt a. M.: Knecht 1961. S. 116–119.

hs.
Deutsche Einheits-Wahlrede. Aus: Simplicissimus vom 8. 9. 1930. Abgedruckt nach: Scherz beiseite. Die Anthologie der deutschsprachigen Prosa-Satire von 1900 bis zur Gegenwart. Hrsg. von G. H. Herzog u. E. Heinold. München, Bern u. Wien: Scherz o. J. S. 277–280.

Kurt Jeschonek. Geb. 1922 in Gelsenkirchen. Lebt als Gießerei-Meister in Schwalmtal.
Aphorismus. Aus: revier heute. texte der literarischen werkstatt der volkshochschule gelsenkirchen. Hrsg. von H. E. Käufer. Recklinghausen: Bitter ^{2}1972. S. 80.

G. K. (Georg Krieger). Geb. 1906 in Koblenz. Journalist und Redakteur, seit 1950 in Köln.
Amtsfußpflege. Aus: Rheinischer Merkur Nr. 5 vom 31. 1. 1975. S. 3.

Erich Kästner. Geb. 1899 in Dresden, gest. 1974 in München.
Ganz rechts zu singen. Aus: Bei Durchsicht meiner Bücher (1946). Abgedruckt nach: E. K., Bei Durchsicht meiner Bücher. München: Droemer o. J. S. 68 f. © Atrium Verlag, Zürich.
Sogenannte Klassefrauen. Aus: Ein Mann gibt Auskunft (1930). Abgedruckt nach: Doktor Erich Kästners Lyrische Hausapotheke. München: Droemer o. J. S. 68 f. © Atrium Verlag, Zürich.

Karl Kraus. Geb. 1874 in Gitschin (Böhmen), gest. 1936 in Wien.
Eingedeutschtes erschien in K. K.' Zeitschrift »Die Fackel« (August 1916). Abgedruckt nach: K. K., Werke. Hrsg. von H. Fischer, Bd. IV (»Widerschein der Fackel«). München: Kösel ^{2}1956. S. 204 f.
Das Gericht wurde zuerst in der »Fackel« (April 1907) unter dem Titel »Das Gesetz«, später in dem Sammelband »Sittlichkeit und Kriminalität« veröffentlicht. Abgedruckt nach: Werke. Bd. XI (»Sittlichkeit und Kriminalität«). München u. Wien: Langen Müller o. J. S. 282–284.

Gabriel Laub. Geb. 1928. Lebt seit 1968 als Schriftsteller und Kritiker in Hamburg.
Spalte-Null. Aus: Deutsche Zeitung Nr. 14 vom 27. 3. 1975. S. 28.

Heinrich Laube. Geb. 1806 in Sprottau (Schlesien), gest. 1884 in Wien.
Der Turnvater Jahn. Aus: Reisenovellen II. Leipzig 1834. Abgedruckt nach: Das Junge Deutschland. Texte und Dokumente. Hrsg. von J. Hermand. Stuttgart: Reclam 1966. (Reclams UB Nr. 8703 [5].) S. 56–58.

Gotthold Ephraim Lessing. Geb. 1729 in Kamenz (Lausitz), gest. 1781 in Braunschweig.
Emilia Galotti, begonnen 1757, vollendet 1771/72. Uraufführung 1772

in Braunschweig. Erstdruck 1772 in Berlin. Abgedruckt nach: G. E. L., Emilia Galotti. Stuttgart: Reclam 1968. (Reclams UB Nr. 45.) S. 17.

Georg Christoph Lichtenberg. Geb. 1742 in Oberramstadt bei Darmstadt, gest. 1794 in Göttingen.
Seine *Aphorismen* notierte er in seinen »Sudelbüchern«, erschienen in den »Vermischten Schriften« (1800–05). Abgedruckt nach: G. Ch. L., Aphorismen. Hrsg. von F. Sengle. Stuttgart: Reclam 1966. (Reclams UB Nr. 7812 [2].) S. 70.

Loriot (d. i. Vicco von Bülow). Geb. 1923 in Brandenburg a. d. Havel. Die »Fernsehinterviews und -kommentare« wurden im Süddeutschen Rundfunk als Zeichentrickfilme des Verfassers im Rahmen seiner Fernsehreihe »Cartoon« gezeigt.
Der Familienbenutzer. Abgedruckt nach: Loriots kleine Prosa. Zürich: Diogenes 1971. S. 14–17.

Heinrich Mann. Geb. 1871 in Lübeck, gest. 1950 in Santa Monica (Kalifornien).
Der Untertan, 1906 begonnen, 1914 beendet. Teilabdrucke 1911–1914. Erste Buchausgabe Leipzig 1916 (Privatdruck). Abgedruckt nach: H. M., Der Untertan. Hamburg: Claassen 1958. S. 10–12.

Christoph Meckel. Geb. 1935 in Berlin. Lebt in Westberlin.
Im Land der Umbramauten. Stuttgart: Deutsche Verlags-Anstalt 1961. S. 56–58.

Carola Mohn. Geb. in Hamburg, wo sie auch heute noch überwiegend lebt.
Sternschnuppen. Aus: Stern Nr. 9 vom 20. 2. 1975. S. 13. Beiträge unter diesem Namen und dieser Überschrift erscheinen regelmäßig im »Stern« und kommentieren aktuelle Themen.

Friedrich Karl von Moser. Geb. 1723 in Stuttgart, gest. 1798 in Ludwigsburg. Reichshofrat in Wien, 1772–80 Minister in Hessen-Darmstadt.
Wir haben gegessen. Aus: Fabeln von Friedrich Karl Freiherr von Moser. Mannheim 1786 (teilweise schon 1762 erschienen). Abgedruckt nach: Deutsche Fabeln des 18. Jahrhunderts. Hrsg. von M. Windfuhr. Stuttgart: Reclam 1969. (Reclams UB Nr. 8429 [2].) S. 83.

Johann Heinrich Pestalozzi. Geb. in Zürich 1746, gest. 1827 in Brugg. Erzieher und Sozialreformer.
Die Linde und der König. Aus: Figuren zu meinem ABCbuch oder zu den Anfangsgründen meines Denkens. Basel 1797. Abgedruckt nach: Deutsche Fabeln des 18. Jahrhunderts. Hrsg. von M. Windfuhr, a. a. O., S. 120.

Gottlieb Konrad Pfeffel. Geb. in Colmar 1736, gest. ebenda 1809.
Der gute Arzt. Aus: Poetische Versuche Erster – Zehnter Theil. Tübingen 1802–10 (teilweise seit 1761 erschienen). Abgedruckt nach: Deutsche Epigramme. Hrsg. von G. Neumann. Stuttgart: Reclam 1969. (Reclams UB Nr. 8340 [4].) S. 136.

Hermann Peter Piwitt. Geb. 1935 in Hamburg.
Der Textausschnitt ist entnommen dem Roman *Rothschilds.* Reinbek bei Hamburg: Rowohlt Taschenbuch Verlag 1972. (dnb 16.) S. 114 f.

Joachim Rachel. Geb. 1618 in Lunden (Dithmarschen), gest. 1669 in Schleswig. Hauslehrer; später Rektor.
Text aus: *Erste Satyra: Das Poetische Frauen-Zimmer oder Böse Sieben.* Erstdruck 1664. Abgedruckt nach: Das Zeitalter des Barock. Texte und Zeugnisse. Hrsg. von A. Schöne. München: Beck 1963. S. 901.

Liselotte Rauner. Geb. 1920 in Bernburg an der Saale. Lebt in Wattenscheid.
Epigramm. Aus: revier heute. texte der literarischen werkstatt der volkshochschule gelsenkirchen. Hrsg. von H. E. Käufer. Recklinghausen: Bitter ²1972. S. 76.

Christa Reinig. Geb. 1926 in Berlin. Lebt seit 1964 in München.
Für eine Fußgängerin. Aus: C. R., Schwabinger Marterln. Stierstadt i. Ts.: Eremiten-Presse 1968. o. S., Text Nr. 10.

Wugg Retzer. Geb. 1905 in Oberhaselbach (Niederbayern). War Redakteur an der »Süddeutschen Zeitung«, München.
Das Rotkäppchen. Zuerst in: Münchner Netteste Nachrichten (Faschingszeitung der Münchner Neuesten Nachrichten, 1937). Aus: Anton Schwind: Bayern und Rheinländer im Spiegel des Pressehumors von München und Köln. Ein Beitrag zur Wesenskunde zweier Stämme. München u. Basel: Reinhardt 1958. S. 64.

Friedrich Schiller. Geb. 1759 in Marbach am Neckar, gest. 1805 in Weimar.
Kabale und Liebe. Uraufführung 1784 in Frankfurt a. M.: Erstdruck 1784. Abgedruckt nach: F. Sch., Kabale und Liebe. Stuttgart: Reclam 1974. (Reclams UB Nr. 33.) S. 29 f.

Ulrich Schmidt. Geb. 1955 in Gelsenkirchen.
Vogelsang. Aus: revier heute, a. a. O. (s. Rauner), S. 145.

Christoph Schorer. Geb. 1618 in Memmingen, gest. ebenda 1671.
Brieff. Aus: Der Unartig Teutscher Sprach-Verderber. Köln 1647. Abgedruckt nach: Das Zeitalter des Barock. Hrsg. von Johannes Anderegg. Frankfurt a. M.: Fischer 1970. Originalausgabe. (Fischer Taschenbuch 990.) S. 134.

Joachim Schwedhelm. Geb. 1944 in Ehrhorn, Kreis Soltau. Freier Journalist. Satirische Beiträge u. a. für »Die Zeit«, »Stern«, »Süddeutsche Zeitung«, »Frankfurter Rundschau«.
Doktor-Spiele. Aus: Die Zeit Nr. 16 vom 11. 4. 1975. S. 53.

Wolfram Siebeck. Geb. 1928.
Sommermärchen vom Wirte wundermild. Erstabdruck in: Die Welt vom 17. 2. 1965. Abgedruckt nach: Scherz beiseite, a. a. O. (s. hs.), S. 543–545.
Wie der Ochs vorm Berge. Aus: Stern Nr. 7 vom 6. Februar 1975. S. 152.

Hans Georg von Studnitz. Geb. 1907 in Potsdam.
Namenloser Unsinn. Aus: Deutschland-Magazin 7 (1975) H. 1, S. 15.

Ludwig Thoma. Geb. 1867 in Oberammergau, gest. 1921 in Rottach am Tegernsee. Rechtsanwalt in Dachau, später in München. Ab 1899 Redaktionsmitglied des »Simplicissimus«.
Der Einser. Abgedruckt nach: L. Th., Ausgewählte Werke in drei Bänden. Bd. II. München: Piper [4]1973. S. 181–183.

Hans Traxler. Geb. 1929 in Herrlich (Tschechoslowakei).
Unsere Zukunft. Eine Selbstschutzfibel. Erstabdruck in »Pardon«, August 1965. Abgedruckt nach: Scherz beiseite, a. a. O. (s. hs.), S. 545 bis 547.

Kurt Tucholsky. Geb. 1890 in Berlin, gest. 1935 in Hindås (Schweden).
Joebbels (1931). Aus: K. T., Gesammelte Werke. Hrsg. von Mary Gerold-Tucholsky u. Fritz J. Raddatz. Bd. 3, S. 790. © Rowohlt Verlag, Reinbek bei Hamburg 1960.

Georg Weerth. Geb. 1822 in Detmold, gest. 1856 in Havanna. Kaufmannslehre, Buchhalter. Später Zusammenarbeit mit Karl Marx und Friedrich Engels.
Der Herr Preiss in Nöten, Kap. X aus: »Humoristische Skizzen aus dem deutschen Handelsleben«. Dieses Kapitel entstand unmittelbar nach der Revolution von 1848. Erstabdruck in der »Neuen Rheinischen Zeitung«, deren Chefredakteur Karl Marx war. Abgedruckt nach der von J. W. Goette besorgten Ausgabe Stuttgart: Reclam 1971. (Reclams UB Nr. 7948 [2].) S. 98–103.

VII. Literaturhinweise

1. Anthologien:

Arntzen, Helmut (Hrsg.): Gegen-Zeitung. Deutsche Satire des 20. Jahrhunderts. Heidelberg 1964.

Ballmann, Bernd u. Hartmut Löffel (Hrsg.): Satire in Text und Bild. Stuttgart 1973. (Arbeitsmaterialien Deutsch.)

Berger, Karl Heinz (Hrsg.): Die Affenschande. Deutsche Satiren von Sebastian Brant bis Bertolt Brecht. Berlin [Ost] ²1969.

Herzog, G. H. u. Ehrhardt Heinold (Hrsg.): Scherz beiseite. München, Bern u. Wien 1966.

Pratz, Fritz: Satirische und groteske Lyrik des 20. Jahrhunderts. Frankfurt a. M. 1972.

Satire. Textauswahl besorgt von Udo Müller. Freiburg i. Br. 1975. (Textbücher Deutsch.)

Satire. Unterrichtsmaterialien Deutsch, Sekundarstufe I, 7./8. Jahrgangsstufe. Heft 2. Hrsg. vom Hessischen Kultusminister. Frankfurt a. M. 1974.

Schütte, Wolfgang U. (Hrsg.): Bis fünf nach zwölfe, kleine Maus. Streifzug durch satirische Zeitschriften der Weimarer Republik. Berlin 1972.

2. Untersuchungen zur Satire

Arntzen, Helmut: Literatur im Zeitalter der Information. Frankfurt a. M. 1971. Darin: »Deutsche Satire im 20. Jahrhundert«, »Nachricht von der Satire«, »Satire und Deutschunterricht«, »Karl Kraus oder Satire aus Sprache«.

Arntzen, Helmut: Satire und Deutschunterricht. In: Der Deutschunterricht 18 (1966) H. 3, S. 29–38.

Brummack, Jürgen: Zu Begriff und Theorie der Satire. Forschungsbericht. In: Deutsche Vierteljahrsschrift für Literaturwissenschaft und Geistesgeschichte 45 (1971) Sonderheft, S. 275–377.

Freund, Winfried: Die deutsche Verssatire im Zeitalter des Barock. Düsseldorf 1972.

Fritzen, Michael: Das satirische Werk Ludwig Thomas. Frankfurt a. M. 1970.

Gaier, Ulrich: Satire. Studien zu Neidhart, Wittenweiler, Brant und zur satirischen Schreibart. Tübingen 1967.

Haecker, Theodor: Essays. München 1958. Darin: »Über Humor und Satire« (S. 257–269) und »Dialog über die Satire« (S. 361–380).

Hantsch, Ingrid: Theorie der Satire 1900–1971. In: Zeitschrift für französische Sprache und Literatur 82 (1972) S. 153–156 (Bibliographie).

Helmers, Hermann: Lyrischer Humor. Stuttgart 1971.

Hodgart, Matthew: Die Satire. München 1969.

Karthaus, Ulrich: Humor – Ironie – Satire. In: Der Deutschunterricht 23 (1971) H. 6, S. 104–120.
Lazarowicz, Klaus: Verkehrte Welt. Vorstudien zu einer Geschichte der deutschen Satire. Tübingen 1963.
Lukács, Georg: Zur Frage der Satire. In: G. L., Essays zum Realismus. Werke. Bd. 4. Neuwied u. Berlin 1971. S. 83–107.
Matthes, Ingrid: Formen der gesellschaftskritischen Satire. Ein Lehrgang in Klasse 11. In: Der Deutschunterricht 26 (1974) H. 4, S. 41–64.
Messelken, Hans: Satire und Parodie In: Praxis Deutsch 1 (1974) H. 5, S. 53–57.
Müller, Rolf Arnold: Komik und Satire. Zürich 1973.
Neubert, Werner: Die Wandlung des Juvenal. Satire zwischen gestern und morgen. Berlin [Ost] 1966.
Olles, Helmut: Von den Anstrengungen der Satire. In: Akzente 1 (1954) S. 154–163.
Praxis Deutsch 4 (1977) H. 22 (Themenheft »Satire«).
Reiß, Gunter: Märchen als Satire. In: Praxis Deutsch 3 (1976) H. 19 (Sonderheft) S. 23–25 u. 101–120.
Riha, Karl: Cross-Reading und Cross-Talking. Zitat-Collage als poetische und satirische Technik. Stuttgart 1971.
Riha, Karl: Moritat, Bänkelsong, Protestballade – Zur Geschichte des engagierten Liedes in Deutschland. Frankfurt a. M. 1975.
Rotermund, Erwin: Die Parodie in der modernen deutschen Lyrik. München 1963.
Schönert, Jörg: Roman und Satire im 18. Jahrhundert. Stuttgart 1969.
Schweckendiek, Adolf: Fünf moderne Satiren im Deutschunterricht. In: Der Deutschunterricht 18 (1966) H. 3, S. 39–50.
Stephan, Joachim: Satire und Sprache. Zu dem Werk von Karl Kraus. München 1964.
Sühnel, Rudolf: Satire, Parodie. In: Fischer Lexikon »Literatur«. Bd. II, 2. Frankfurt a. M. 1965. S. 507–519.
Süssenbach, Petra: Formen der Satire in Heinrich Manns Roman »Der Untertan«. Köln 1972.
Trautmann, Werner: Das »Komische«, »Satirische«, »Ironische«, »Humorige«, »Heitere« in Theorie und Unterricht. In: Der Deutschunterricht 23 (1971) H. 6, S. 86–103.
Tronskaja, Maria: Die deutsche Prosasatire der Aufklärung. Berlin 1969.
Weisstein, Ulrich: Satire und Parodie in Heinrich Manns Roman »Der Untertan«. In: Heinrich Mann 1871/1971. Ergebnisse der Heinrich-Mann-Tagung in Lübeck. Hrsg. von K. Matthias. München 1973.
Wellmann, Günter Theodor: Studien zur deutschen Satire im Zeitalter der Aufklärung. Theorie, Stoffe, Form und Stil. Bonn 1969.
Wölfel, Kurt: Epische und satirische Welt. Zur Technik des satirischen Erzählens. In: Wirkendes Wort 10 (1960) S. 85–98.